왕초보가
가장 많이 묻는
영문법 100

왕초보가
가장 많이 묻는
영문법 100

초판 1쇄 발행 2018년 6월 29일
6쇄 발행 2022년 11월 15일

지은이 이시원
펴낸곳 (주)에스제이더블유인터내셔널
펴낸이 양홍걸 이시원

홈페이지 www.siwonschool.com
주소 서울시 영등포구 국회대로74길 12 남중빌딩 시원스쿨
교재 구입 문의 02)2014-8151
고객센터 02)6409-0878

ISBN 979-11-6150-146-8
Number 1-010200-02041200-04

왕초보가
가장 많이 묻는
영문법 100

S 시원스쿨닷컴

■ 머리말

문법 없이도 말할 수는 있지만,
문법을 알면 말하기가 더욱 쉬워집니다.

140만 명이 넘는 영어 왕초보 여러분을 만나고
그 분들의 입이 트이는 것을 오랜 시간 봐 왔습니다.

시간이 지나고 데이터가 쌓이면서 보니
여러분이 어려워하고 궁금해하는 내용이
비슷하다는 것을 느꼈습니다.

특히 제 강의에서는 딱 집어 말하지 않는
문법 용어나 문법 간의 차이점 등은 항상 단골질문들이었죠.

그래서 왕초보 여러분들이 가장 많이 물어보셨던 내용을 토대로
세상에서 가장 명쾌한 문법 책을 쓰게 되었습니다.

문법이 없이 말하기는 얼마든지 가능합니다.
하지만 문법을 알면 좀 더 명확하고 풍부하게 말할 수가 있죠.

말하기에 필요한
최소한의 문법만으로 충분합니다.

복잡하고 어려운 문법은 싣지 않았습니다.
왕초보 여러분이 말하기에 가장 필요한
최소한의 문법만을 다뤘습니다.

문법용어는 있지만,
그저 용어에 불과합니다.

중요한 것은 큰 그림을 그리고
골격을 어떻게 짤 것인가가 중요합니다.

포기하지 않고 따라만 오시면
큰 그림과 골격은 저절로 만들어지도록 도와드리겠습니다.

남은 인생의 첫날인 오늘,
바로 시작하세요!

저자 이시원

▪ 목차

왕초보들의 질문 TOP 10 ······ 16
준비하기 ······ 17

● Part 1. 일반동사

No.1 '나 빵 먹어.'는 I bread eat.인가요? ······ 22

No.2 '걔 세차해.'를 He wash a car.라고 했더니 틀렸대요. 정확한 문장은 어떻게 쓰나요? ······ 23

No.3 '난 커피 마셔.'는 I drink coffee.인데, '난 커피 안 마셔.'는 어떻게 하나요? ······ 25

No.4 '너 이거 필요해.'는 You need this.잖아요. 근데 '너 이거 필요해?'라고 물어보려면
어떻게 하나요? ······ 26

No.5 '나 숙제 했어.'라고 끝난 일을 말할 땐 어떻게 말하죠? ······ 27

No.6 She put on a mask.라는 문장을 봤는데요, 주어가 she면 3인칭 단수니까 puts 아닌가요? ··· 28

No.7 Do I know you?(내가 널 아니?)의 과거는 Did I know you?인가요, 아니면
Do I knew you?인가요? ······ 29

No.8 I will go to Canada.에서 will의 역할은 뭔가요? ······ 30

No.9 '나는 캐나다에 안 갈 거야.'라고 할 때는 I will don't go to Canada.라고 하나요? ······ 31

● Part 2. be동사

No.10 '나는 학생이다.' 답이 I am a student.라는데 am이 뭔지 궁금해요. ······ 34

No.11 a student랑 students의 차이는 뭐예요? ······ 35

No.12 '나는 행복해.'가 I am happy.라고 하는데, happy 앞에는 a를 안 쓰나요? ······ 36

No.13 '너는 행복하니?' 하고 물어보려면 어떻게 해야 할까요? ······ 37

No.14 외국인이 I'm on the bus.라고 말하는 걸 들었는데 무슨 뜻인지 모르겠어요. ······ 39

No.15 '걔 여기에 있어.'는 He is at here.인가요, He is in here.인가요? ······ 41

No.16 be동사는 '~이다'라고 해석하면 되나요? ······ 42

No.17 '나는 군인이었다.'는 지금은 군인이 아니니까 I am not a soldier.라고 해야 하나요? ······ 43

No.18 '우리는 행복하지 않았어.'라고 말할 때는 We were not happy.라고 쓰면 되나요? ································· 44

No.19 '그녀는 예뻤어?'라고 물어볼 때는 Was she pretty?가 맞나요? ··· 45

No.20 '걔 괜찮을 거야.'를 영어로 할 때 He will is okay. 하면 되나요? ·· 46

No.21 We won't be home.에서 won't be는 무슨 뜻이죠? ··47

● Part 3. 진행형

No.22 '걔 숙제하고 있어.'라고 말하고 싶은데 He does his homework. 해도 될까요? ························· 50

No.23 '나는 일하고 있지 않아.'는 I am not working.인가요, I am don't working.인가요? ························ 51

No.24 언제 현재진행형을 쓰고 현재형을 쓰나요? 둘의 정확한 차이를 모르겠어요. ·······························52

No.25 '나는 일본에 갈 거야.'를 왜 I'm going to Japan.이라고 하죠? '나는 일본에 가고 있어.' 아닌가요? ····· 53

No.26 will을 be going to로 바꿀 수 있다는데, 의미상의 차이가 없는지 궁금합니다. ······························ 54

No.27 그냥 '했다'가 아니라 '하고 있었다'고 말하려면 어떻게 써야 하나요? ··· 55

No.28 과거진행형 의문문은 정확히 무슨 의미인가요? ··· 56

No.29 'be동사+-ing'도 미래 의미가 있다고 했으니까 '나 운동하고 있을 거야.'라고 할 때는 I'm working out.
이라고 말하면 되나요? ··57

● Part 4. 다양한 문장 구조

No.30 외국인이 "It looks nice!"라고 하는 걸 들었는데 동사 look 뒤에는 nicely가 와야 하는 거 아닌가요? ···· 60

No.31 She looks like a doll. 이 문장은 어떻게 해석하나요? ··· 61

No.32 '~처럼 보이다' 할 때 seem like도 들어봤는데, look like / seem like 중에 뭐가 더 자주 쓰이나요? ····· 63

No.33 I will give you money. 문장이 올바른 문장인가요? your money가 맞지 않나요? ······························ 64

No.34 수여동사 목적어는 순서가 정해져 있나요? ·· 65

No.35 He made me cry.라는 문장은 동사가 두 개니까 틀린 문장인가요? ··· 66

No.36 '내 차 세차시켰어.'는 I have my car wash. / I have my car be washed. 둘 중 뭐가 맞나요? ·········67

No.37 help는 준사역동사라고 들었는데 사역동사와 준사역동사의 차이가 무엇인가요? ·················· 68

No.38 We elected him president.에서 him이 간접목적어이고 president가 직접목적어인가요? ·············· 69

No.39 I found the student smart. 문장을 봤는데요. the smart student.가 되어야 하지 않나요? ············· 70

● **Part 5. 조동사**

No.40 You can get in.은 '너 들어올 수 있어.'라는 뜻인가요? 말이 이상한 것 같아요. ·························· 74

No.41 You can't go home.은 '너 집에 가도 되지 않아.'라고 하기 이상한데, 다른 뜻이 있나요? ·················· 75

No.42 '걔 영어 할 수 있어?'를 Can she speaks English?라고 했는데 틀렸어요. 주어가 she니까 speaks
아닌가요? ··· 76

No.43 부탁할 때 Could you do me a favor? 하고 말하는데, 왜 can이 아니라 과거형 could를 쓰나요? ······77

No.44 It may rain tomorrow.라는 문장을 봤는데, may는 무슨 뜻인가요? ····································· 78

No.45 might는 may의 과거형 맞나요? ··· 79

No.46 Can I borrow your pen?/May I borrow your pen? 둘 다 펜을 빌려줄 수 있냐는 뜻인데, 차이가
있나요? ··· 80

No.47 You must be tired.는 '넌 피곤해야만 해.'인가요? ··· 81

No.48 '~해야 한다'고 얘기할 때 must, should, have to가 있잖아요. 각자 어떤 차이가 있는지 궁금합니다. ····82

No.49 I must pay the bill.의 의문문은 Do I must pay the bill?인가요? ··································· 83

No.50 have to보다 must가 강제성이 더 강하다고 배웠는데 부정문도 마찬가지인가요? ··························· 84

No.51 '~해야만 할 거야'라고 할 때는 will must 하면 되나요? ·· 85

● **Part 6. 의문문**

No.52 '점심 먹었어?'는 Did you have lunch?인데 '뭐 먹었어?'라고 물어보려면 Did you have what?
이라고 하면 되나요? ·· 88

No.53 How sweet of you!를 '다정도 하셔라!'로 해석하던데 어떻게 그렇게 해석이 되는지 궁금합니다. ··········· 90

No.54 what도 '무엇'이고 which도 '무엇'이라고 하는데 차이점이 뭐죠? ···································· 91

● **Part 7. 완료시제**

No.55 Have you read this book?에서 한 문장에 동사가 두 개면 안 된다고 했는데 틀린 건가요? ····················· 94

No.56 '뉴욕에 가 본 적 있어?'를 Have you gone to New York?이라고 했는데 틀렸대요. 왜 틀린 건가요? ⋯96

No.57 Have you been to the UK? 하고 물어보면 대답은 어떻게 하나요? ⋯⋯⋯⋯⋯⋯⋯⋯⋯⋯97

No.58 I lived in Seoul.과 I've lived in Seoul.의 정확한 차이를 모르겠어요. ⋯⋯⋯⋯⋯⋯⋯⋯98

No.59 '숙제 다 끝냈어?' 하고 물어보려고 하는데 Did you finish your homework?가 맞나요? ⋯⋯⋯⋯⋯100

No.60 I have lost my wallet.과 I lost my wallet.의 차이점이 무엇인가요? ⋯⋯⋯⋯⋯⋯⋯⋯⋯⋯102

No.61 My daughter has never fully recovered. 문장은 '내 딸은 완전히 회복된 적이 없다.'라고 해석하면
되나요? ⋯⋯⋯⋯⋯⋯⋯⋯⋯⋯⋯⋯⋯⋯⋯⋯⋯⋯⋯⋯⋯⋯⋯⋯⋯⋯⋯⋯⋯⋯⋯⋯⋯103

No.62 I've been studying French for 5 years.는 I've studied French for 5 years.랑 어떻게 다른가요? ⋯104

No.63 What have you been doing?은 무슨 뜻인가요? ⋯⋯⋯⋯⋯⋯⋯⋯⋯⋯⋯⋯⋯⋯⋯⋯⋯⋯106

● Part 8. 수동태

No.64 '편지가 쓰여졌다.'라고 말하려면 The letter wrote.라고 하나요? ⋯⋯⋯⋯⋯⋯⋯⋯⋯⋯⋯110

No.65 He teaches me English.를 수동태로 만들 때는 주어가 두 개가 되는 건가요? ⋯⋯⋯⋯⋯112

No.66 '그의 건물들이 지어지고 있다.'라는 말은 영어로 뭐라고 하나요? ⋯⋯⋯⋯⋯⋯⋯⋯⋯114

No.67 수동태 현재완료도 만들 수 있나요? ⋯⋯⋯⋯⋯⋯⋯⋯⋯⋯⋯⋯⋯⋯⋯⋯⋯⋯⋯⋯⋯115

● Part 9. -ing(동명사)와 to부정사

No.68 '영어 공부하는 건 어려워요.'라고 할 때 동사는 '공부하다'인가요 '어려워'인가요? ⋯⋯⋯⋯⋯118

No.69 I am playing soccer. 문장의 playing과 I enjoy playing soccer.의 playing은 같나요? ⋯⋯⋯⋯119

No.70 명사 자리에 동사를 넣고 싶으면 동명사만 쓸 수 있나요? ⋯⋯⋯⋯⋯⋯⋯⋯⋯⋯⋯⋯120

No.71 It is fun to sing.에서 to sing은 목적어인가요? ⋯⋯⋯⋯⋯⋯⋯⋯⋯⋯⋯⋯⋯⋯⋯⋯121

No.72 I hope to see you.에서는 가주어가 없는 문장인가요? ⋯⋯⋯⋯⋯⋯⋯⋯⋯⋯⋯⋯⋯122

No.73 I hope to see you soon.은 I hope seeing you soon.으로 바꿔도 되나요? ⋯⋯⋯⋯⋯⋯123

No.74 I read a book.과 I have a book to read.은 어떻게 다른가요? ⋯⋯⋯⋯⋯⋯⋯⋯⋯⋯126

No.75 I have a chair to sit on.에서 on은 왜 붙은 건가요? ⋯⋯⋯⋯⋯⋯⋯⋯⋯⋯⋯⋯⋯128

No.76 He went to the U.S. to study English.는 '그는 영어를 공부할 미국에 갔다.'인가요? 뜻이
어색한 것 같아요. ⋯⋯⋯⋯⋯⋯⋯⋯⋯⋯⋯⋯⋯⋯⋯⋯⋯⋯⋯⋯⋯⋯⋯⋯⋯⋯⋯129

● Part 10. 관계사

No.77 I know the guy who is a good soccer player. 문장에서 who는 '누구' 아닌가요? ·····················134

No.78 Did you see the girl who I met yesterday?에서 I를 왜 생략하지 않은 건가요? ·····················136

No.79 '다리가 불편하신 할머니를 도와드렸다.'라는 문장은 어떻게 쓰나요? ·······································138

No.80 선행사가 사물일 때 소유격 관계대명사는 thats라고 쓰나요? ·······································139

No.81 I know what you mean.에서 what도 관계대명사인가요? what은 언제 쓰나요? ·····················140

No.82 I am curious where you want to go.에서 go 뒤에 장소는 왜 안 쓰나요? ·····························141

No.83 She has two sons, who live in America.랑 She has two sons who live in America. 문장의
뜻이 다르다고 하는데 어떻게 다른가요? ···143

No.84 Jessica passed the exam, which surprised me.에서 which는 제시카인가요? 시험인가요? ·········144

● Part 11. -ing(현재분사)와 p.p.(과거분사)

No.85 a sleeping baby에서 sleeping은 '자는 것'이라는 뜻인가요? ···148

No.86 The cat sleeping next to me is my friend's.에서 sleeping 앞에 is가 있어야 하지 않나요? ·········149

No.87 할인 가격은 왜 discounting price가 아니라 discounted price인가요? ·······························150

No.88 made in Korea는 어떻게 나온 표현인가요? ···151

● Part 12. 문장을 길게 만드는 다양한 방법

No.89 He goes to Paris and takes the train.에서 goes는 알겠는데 takes는 왜 take가 아닌가요? ·········154

No.90 while이 무슨 뜻이죠? ···156

No.91 because, since, as는 모두 '~때문에'라는 뜻이 있다는데요, 각각 언제 쓰나요? ·····················157

No.92 종속접속사라는 게 뭔가요? ···158

No.93 that이 접속사도 되나요? ···159

No.94 if는 '~이라면'이라는 의미라고 했는데, I don't know if he will come. 뜻은 왜 '그가 올지 모르겠다.'
인가요? ···160

● Part 13. 비교급과 최상급

No.95 '뚱뚱한'은 fat인데 '더 뚱뚱한'은 어떻게 표현하나요? ················164

No.96 beautiful, difficult처럼 긴 단어일 때도 -er을 붙이면 되나요? ················166

No.97 '많은'은 many이고, '더 많은'은 manier 인가요? 한 번도 못 본 것 같아요. ················167

No.98 비교급을 강조할 땐 어떻게 하나요? ················168

No.99 '가장'이나 '최고'라는 말을 할 때는 뭘 쓰나요? ················169

No.100 '가장 좋은'은 goodest이 아니고 왜 best인가요? ················171

왕초보가 가장 많이 묻는 표현 50 ················ 172

▪ 이 책의 구성

준비하기

본격적으로 학습을 하기 전에 알아야 하는 영어의 기본적인 내용을 실었습니다.
먼저 익힌 후에 본 내용을 학습하세요.

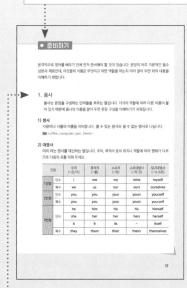

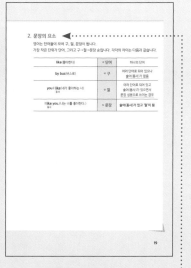

품사

영어의 각 단어를 가리키는 용어를 배워 봅니다. 역할에 따라 부르는 용어가 다른 영어의 품사를 한눈에 정리해 보세요.

문장의 요소

영어 문장이 되기 위한 필수 요소와 부르는 명칭을 알아보세요.

꼭 알고 싶어요!

왕초보들이 궁금해했던 질문들을 모았습니다.
답변을 통해 회화에 꼭 필요한 문법을 익히고 회화
에 적용해 보세요.

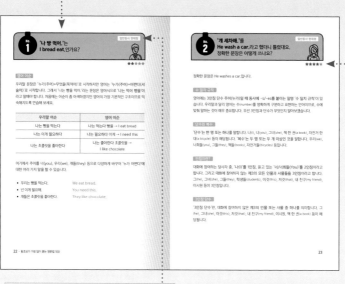

문법 키워드

현재 배우고 있는 내용을 문법 키워드를 통
해 직관적이고 편리하게 알 수 있습니다.

질문 빈도수 표기

별 개수를 통해 얼마나 많은 왕초보들이
이 내용을 궁금해했는지 표시했습니다.
중요도와 별개로 질문의 빈도수이므로 참
고하여 학습하세요.

왕초보가 가장 많이 묻는 표현 50

왕초보 여러분이 질문했던 많은 내용 중 문법이 아닌 표현에 대한 것들만 모았습니다. 평소 헷갈렸던 영어 표현을 확인하고 익혀 보세요.

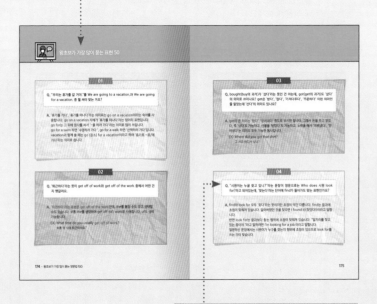

문답 형식의 간단한 설명

각 표현별로 1문1답 형식의 간단한 구성으로 보다 편리하게 표현을 익힐 수 있습니다.

■ 온라인 특별부록

www.siwonschool.com에서 특별부록을 다운로드 받아 보세요. 본문의 예문을 다시 영작해 보고
말하기 연습을 할 수 있습니다.

Review

책에서 배운 예문들을 다운로드 받아 직접 영작해 보세요.
반복은 최고의 공부법입니다.

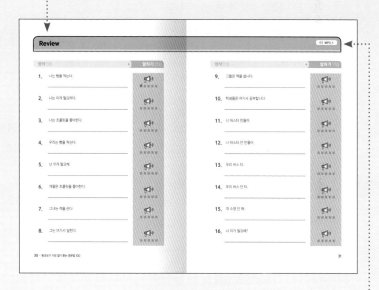

원어민/훈련하기 MP3

Review에서 영작했던 문장을 원어민의 발음으로 들어
보세요. 그리고 5번씩 따라할 수 있는 훈련하기 MP3로
말하기까지 완성해 보세요.

● 왕초보들의 질문 TOP 10

역대 왕초보 여러분이 보내 주신 질문들 중 가장 많이 궁금해 했던 내용 TOP 10입니다.
답변이 되는 내용은 '관련내용'을 참고하여 궁금증을 풀어 보세요.

순위	주제	관련내용
1	**관사** 어떻게 a(n)/the을 구분해서 쓰나요?	**준비하기 / No.11** 참고
2	**의문사 의문문** 의문사 의문문은 어떤 때 무엇을 쓰나요?	**No.52** 참고
3	**현재진행형으로 미래 표현하기** 현재진행형으로 알고 있던 be -ing를 왜 '~할 것이다'라고 하나요?	**No.26** 참고
4	**불규칙 변화 동사 과거형** 불규칙 변화 동사의 과거형은 어떻게 쓰나요?	**No.6** 참고
5	**must / should / have to** '해야 한다'는 뭐를 써야 하나요?	**No.47/No.48/No.49/No.50/No.51** 참고
6	**동명사** -ing는 '~하고 있다'라는 뜻으로 쓰는 거 아닌가요?	**No.68/No.69** 참고
7	**부사의 위치** 부사는 어디에 쓸 수 있나요?	**준비하기** 참고
8	**3인칭이란?** 주어가 she/he일 때 동사에 왜 s가 붙나요?	**No.2** 참고
9	**can** can은 '할 수 있다' 말고 다른 뜻이 있나요?	**No.40/No.41/No.42/No.43** 참고
10	**수동태** '~되었다'라는 표현은 다르게 말하나요?	**No.64/No.65** 참고

본격적으로 영어를 배우기 전에 먼저 준비해야 할 것이 있습니다. 문장의 아주 기본적인 필수 성분과 재료인데, 이것들의 이름은 무엇이고 어떤 역할을 하는지 미리 알아 두면 뒤의 내용을 이해하기 편합니다.

1. 품사

품사는 문장을 구성하는 단어들을 부르는 말입니다. 각각의 역할에 따라 다른 이름이 붙어 있기 때문에 품사의 이름을 알아 두면 문장 구성을 이해하기가 쉬워집니다.

1) 명사

사람이나 사물의 이름을 의미합니다. 셀 수 있는 명사와 셀 수 없는 명사로 나뉩니다.

Ex coffee, computer, pen, Siwon…

2) 대명사

이미 아는 명사를 대신하는 말입니다. 주어, 목적어 등의 위치나 역할에 따라 형태가 다르므로 다음의 표를 외워 두세요.

인칭		주격 (~은/이)	목적격 (~를)	소유격 (~의)	소유대명사 (~의 것)	재귀대명사 (~스스로)
1인칭	단수	I	me	my	mine	myself
	복수	we	us	our	ours	ourselves
2인칭	단수	you	you	your	yours	yourself
	복수	you	you	your	yours	yourself
3인칭	단수	he	him	his	his	himself
		she	her	her	hers	herself
		it	it	its	–	itself
	복수	they	them	their	theirs	themselves

3) 동사

동작이나 상태를 나타내는 말입니다. 문장에서 핵심이 되는 단어입니다. be동사와 일반 동사(자동사와 타동사)로 나뉩니다.

Ex be, do, have, play, like…

4) 형용사

명사나 대명사를 꾸며주는 말로, 주로 명사나 대명사 앞에 위치합니다.

Ex pretty, hot, cool, red, fast…

5) 관사

형용사의 종류 중 하나로, 명사의 개수나 상태를 제한해 주는 말입니다. a(n)와 the가 있습니다. 셀 수 있는 명사 중 '하나'의 앞에 a(n)을 붙여 줍니다. 그리고 유일무이한 것, 또는 대화하는 사람끼리 이미 알고 있는 명사의 경우 앞에 the를 붙여 줍니다.

* 셀 수 있는 명사가 '여러 개'인 경우, 명사 뒤에 s를 붙여 줍니다.

Ex a book(책 한 권), books(책 여러 권), the book(이미 알고 있는 그 책)…

6) 부사

동사, 형용사, 부사, 문장 전체를 꾸며주는 말로, 명사를 제외한 모든 것을 꾸밀 수 있습니다. 형용사나 다른 부사의 앞, 동사의 뒤, 문장의 앞/뒤에 위치합니다.

Ex very, happily, really, well, always…

7) 접속사

단어와 단어, 구와 구, 절과 절, 문장과 문장 등을 연결하는 말입니다.

Ex and, but, so, because, or, when…

8) 전치사

명사를 더하기 위해 연결해 주는 말입니다. 자동사 뒤에 명사를 붙이기 위해서는 반드시 전치사가 함께 와야 합니다. 전치사는 시간 전치사, 장소 전치사, 방향 전치사 등 같은 전치사더라도 역할에 따라 종류를 나눌 수 있습니다.

Ex in, on, at, with, during, for…

2. 문장의 요소

영어는 단어들이 모여 구, 절, 문장이 됩니다.
가장 작은 단위가 단어, 그리고 구→절→문장 순입니다. 각각의 차이는 다음과 같습니다.

like(좋아한다)	= 단어	하나의 단어
by bus(버스로)	= 구	여러 단어로 되어 있으나 술어(동사)가 없음
you I like(내가 좋아하는 너) 동사	= 절	여러 단어로 되어 있고 술어(동사)가 있으면서 문장 성분으로 쓰이는 경우
I like you.(나는 너를 좋아한다.) 동사	= 문장	**술어(동사)가 있고 '말'이 됨**

PART 1

|

일반동사

[일반동사 현재형]

No.1 '나 빵 먹어.'는 I bread eat.인가요?

No.2 '걔 세차해.'를 He wash a car.라고 했더니 틀렸대요. 정확한 문장은 어떻게 쓰나요?

No.3 '난 커피 마셔.'는 I drink coffee.인데, '난 커피 안 마셔.'는 어떻게 하나요?

No.4 '너 이거 필요해.'는 You need this.잖아요. 근데 '너 이거 필요해?'라고 물어보려면 어떻게 하나요?

[일반동사 과거형]

No.5 '나 숙제 했어.'라고 끝난 일을 말할 땐 어떻게 말하죠?

No.6 She put on a mask.라는 문장을 봤는데요, 주어가 she면 3인칭 단수니까 puts 아닌가요?

No.7 Do I know you?(내가 널 아니?)의 과거는 Did I know you?인가요, 아니면 Do I knew you?인가요?

[일반동사 미래형]

No.8 I will go to Canada.에서 will의 역할은 뭔가요?

No.9 '나는 캐나다에 안 갈 거야.'라고 할 때는 I will don't go to Canada.라고 하나요?

일반동사 현재형

No. 1 '나 빵 먹어.'는 I bread eat.인가요?

★★☆☆☆

영어 어순

우리말 문장은 '누가(주어)+무엇을(목적어)'로 시작하지만 영어는 '누가(주어)+어쩐다(서술어)'로 시작합니다. 그래서 '나는 빵을 먹어.'라는 문장은 영어식으로 '나는 먹어 빵을'이라고 말해야 합니다. 처음에는 어순이 좀 어색하겠지만 영어의 가장 기본적인 구조이므로 익숙해지도록 연습해 보세요.

우리말 어순	영어 어순
나는 빵을 먹는다	나는 먹는다 빵을 → I eat bread
나는 이게 필요하다	나는 필요하다 이게 → I need this
나는 초콜릿을 좋아한다	나는 좋아한다 초콜릿을 → I like chocolate

여기에서 주어를 너(you), 우리(we), 걔들(they) 등으로 다양하게 바꾸어 '누가 어쩐다'에 대한 여러 가지 말을 할 수 있습니다.

* 우리는 빵을 먹는다.   We eat bread.
* 넌 이게 필요해.   You need this.
* 걔들은 초콜릿을 좋아한다.   They like chocolate.

'개 세차해.'를
He wash a car.라고 했더니 틀렸대요.
정확한 문장은 어떻게 쓰나요?

★★★★☆

정확한 문장은 He washes a car.입니다.

수 일치 규칙

영어에는 3인칭 단수 주어(누가)일 때 동사에 -s/-es를 붙이는 일명 '수 일치 규칙'이 있습니다. 우리말과 달리 영어는 수(number)를 명확하게 구분하고 표현하는 언어이므로, 수에 맞춰 말하는 것이 매우 중요합니다. 우선 3인칭과 단수가 무엇인지 알아보겠습니다.

단수와 복수

'단수'는 한 명 또는 하나를 말합니다. 나(I), 너(you), 그녀(she), 책 한 권(a book), 자전거 한 대(a bicycle) 등이 해당됩니다. '복수'는 두 명 또는 두 개 이상인 것을 말합니다. 우리(we), 너희들(you), 그들(they), 책들(books), 자전거들(bicycles) 등입니다.

인칭이란?

대화에 참여하는 당사자 중, '나(I)'를 1인칭, 듣고 있는 '너/너희들(You)'을 2인칭이라고 합니다. 그리고 대화에 참여하지 않는 제3의 모든 인물과 사물들을 3인칭이라고 합니다. 그(he), 그녀(she), 그들(they), 학생들(students), 이것(this), 저것(that), 내 친구(my friend), 이시원 등이 3인칭입니다.

3인칭 단수

'3인칭 단수'란, 대화에 참여하지 않은 제3의 인물 또는 사물 중 하나를 의미합니다. 그(he), 그녀(she), 이것(this), 저것(that), 내 친구(my friend), 이시원, 책 한 권(a book) 등이 해당됩니다.

He, She 같은 3인칭 단수가 주어일 때 뒤에 오는 동사에 -s/-es를 붙입니다.

- 그녀는 책을 쓴다.   She writes a book. (She=3인칭 단수)
- 그는 여기서 일한다.   He works here. (He=3인칭 단수)
- 우리 엄마는 저녁을 요리하신다.   My mom cooks dinner. (My mom=3인칭 단수)
- 이것은 좋아 보인다.   This looks good. (This=3인칭 단수)

3인칭 복수

They(그들)는 '나'도 '너'도 아니므로 3인칭이지만, 복수에 해당하기 때문에 동사에 -s/-es 를 붙이지 않습니다.

- 그들은 책을 씁니다.   They write a book. (They=3인칭 복수)
- 그들은 버스를 탑니다.   They take bus. (They=3인칭 복수)
- 학생들은 여기서 공부합니다.   Students study here. (Students=3인칭 복수)
- 쿠키들은 맛이 좋다.   Cookies taste good. (Cookies=3인칭 복수)

No. 3

'난 커피 마셔.'는 I drink coffee.인데,
'난 커피 안 마셔.'는 어떻게 하나요?

일반동사 현재형

★★☆☆☆

'마신다'는 drink이고 '안 마신다'는 do not drink입니다. 그래서 '난 커피를 안 마신다.'는 I do not drink coffee.가 됩니다.

일반동사 부정문

drink처럼 행동의 의미를 가진 동사들을 일반동사라고 부릅니다. drink와 같은 일반동사에는 앞에 do not을 붙여서 do not drink라고 써야 합니다. do not을 줄여서 don't라고 쓸 수도 있습니다. 일상 대화에서는 do not보다 don't를 더 자주 사용합니다.

대동사 Do

이때 Do는 일반동사가 아니라 일반동사를 대리 또는 보조해 주는 '대동사'라고 합니다. 대동사는 주로 의문문이나 부정문을 만들 때 쓰이고, 뜻을 따로 가지고 있지는 않습니다.

정리해 보면, I drink coffee. → I do not drink coffee. / I don't drink coffee.로 '난 커피 안 마셔.'라는 의미의 문장이 완성됩니다.

- 나 파스타 만들어. I cook pasta. → 나 파스타 안 만들어. I don't cook pasta.
- 우리 버스 타. We take a bus. → 우리 버스 안 타. We don't take a bus.

3인칭 단수 부정문

긍정문을 만들 때와 마찬가지로 부정문 또한 3인칭 단수 주어의 경우 수 일치를 위해 do not 대신 does not 또는 doesn't를 붙여 줍니다. 이때 동사에 있던 -s/-es는 없애 줍니다. doesn't와 동사에 붙인 -s/-es를 함께 쓰면 틀리다는 것을 꼭 기억하세요.

- 걔 수영해. He swims. → 걔 수영 안 해. He doesn't swims. (X)

  He doesn't swim. (O)

25

No. 4

'너 이거 필요해.'는 **You need this.** 잖아요. 근데 **'너 이거 필요해?'**라고 물어보려면 어떻게 하나요?

★★★★☆

일반동사 의문문

우리말은 끝을 올려 말하면 바로 의문문이 되는 반면, 영어는 문장 앞에 Do를 붙여 주어야 합니다.

긍정문	넌 이게 필요해.	You need this.
의문문	너 이거 필요해?	**Do** you need this?
부정문	나 이거 필요 없어.	I **do** not need this.

3인칭 단수 주어 의문문

He/She 같은 **3인칭 단수**가 주어일 경우엔 Do 대신 **Does**를 사용합니다. 이때 동사 뒤에 붙어 있는 -s/-es는 없어집니다.

긍정문	걘 이거 좋아해.	He like**s** this.
의문문	걘 이거 좋아하니?	**Does** he like this?
부정문	걘 이거 안 좋아해.	He **does** not like this.

인칭별 의문문

일반동사 의문문의 현재형은 인칭별로 아래와 같이 씁니다.

1인칭 **Do** I ~? / **Do** we ~?

2인칭 **Do** you ~?

3인칭 복수 **Do** they ~? / **Do** your parents ~? / **Do** people ~?

3인칭 단수 **Does** he ~? / **Does** she ~? / **Does** it ~? / **Does** this ~?

No. 5 '나 숙제 했어.'라고 **끝난 일**을 말할 땐 어떻게 말하죠?

★★★☆☆

일반동사 과거형

'숙제를 하다'는 do my homework(여기서 do는 대동사가 아니고 일반동사 do입니다.)이고 '숙제를 했다'는 do의 과거형 did(했다)를 써서 did my homework이라고 하면 됩니다.

동사의 과거형 규칙

영어는 주로 동사 뒤에 -ed를 붙여 과거형으로 만듭니다. 모든 동사에 ed를 붙이는 것이 아니고, 다음의 규칙을 따릅니다.

분류		규칙	예시
일반동사		동사+ed	call-called, open-opened, shout-shouted, kick-kicked
e로 끝나는 일반동사		동사+d	hate-hated, like-liked, live-lived, close-closed
y로 끝나는 일반동사	자음+y로 끝나는 일반동사	y → ied	study-studied, cry-cried, dry-dried, try-tried
	모음(a,i,u,e,o)+y로 끝나는 일반동사	y+ed	play-played, enjoy-enjoyed, pray-prayed
단모음+단자음		자음+자음ed	stop-stopped, plan-planned, pop-popped

이외에 규칙이 적용되지 않는 불규칙 변화 동사들이 있습니다. 이는 많은 문장을 접하면서 외우는 것이 좋습니다.

No. 6

일반동사 과거형

She put on a mask.라는 문장을
봤는데요, 맞는 문장이라고 하는데
주어가 she면 3인칭 단수니까 puts 아닌가요?

★★☆☆☆

put의 과거형

주어가 3인칭 단수일 때 동사 뒤에 s/es를 붙이는 규칙은 오직 현재형에만 적용됩니다. 그리고 put은 다른 동사들과 달리 현재형(put)과 과거형(put)의 모양이 같습니다.

위 문장에서 put은 과거형으로 '그녀는 마스크를 썼다'라고 쓰여 -s를 붙이지 않았습니다. 만약 put 뒤에 s를 붙여 She puts on a mask.라고 하면 '그녀는 마스크를 쓴다.'라는 현재형 문장이 됩니다.

불규칙 변화 동사

앞서 말한 것과 같이, 일반동사가 과거형이 될 때 -ed를 붙이는 규칙동사들이 있는 반면, put처럼 이 규칙을 따르지 않는 불규칙동사들도 있습니다.

1) 현재형=과거형인 동사: 읽다 read-read(과거형의 발음이 다름), 때리다 hit-hit,
자르다 cut-cut 등

2) 불규칙 변화하는 동사: 가다 go-went, 오다 come-came, 가지다 have-had,
먹다 eat-ate, 달리다 run-ran, 알다 know-knew,
보다 see-saw 등

No. 7

Do I know you?(내가 널 아니?)의
과거는 **Did I know you?**인가요,
아니면 **Do I knew you?**인가요?

일반동사 과거형

★★★★☆

현재형 의문문은 주어 앞에 Do를 붙인다고 배웠습니다.

I know you. → <u>Do</u> I know you?

과거형 의문문

과거형 의문문은 주어 앞에 Do의 과거형인 Did를 붙입니다. 동사는 원형을 씁니다.

<u>Do</u> I know you? → <u>Did</u> I know you?

의문문에서 시제의 표시는 본동사가 아닌 대동사(Do/Did)가 대신합니다.

긍정문 난 너를 알고 있었어. → I knew you.
의문문 내가 널 알고 있었니? → Did I <u>know</u> you?

과거형 부정문

부정문 역시 시제 표시는 본동사가 아닌 대동사(do/did)가 대신합니다. do not, does not 대신 did not을 붙여 줍니다. don't처럼 did not도 줄여서 didn't로 말할 수 있습니다.

부정문 난 너를 알지 못했어. → I did not <u>know</u> you.

시제	긍정문	부정문	의문문
현재형 그녀는 영어 공부해요.	She studies English.	She doesn't study English.	Does she study English?
과거형 그녀는 영어 공부했어요.	She studied English.	She didn't study English.	Did she study English?

29

★★★★☆

will의 역할

will은 '~할 거야'라는 의미를 갖고 있는데, 특히 의지를 가지고 앞으로 할 일에 대해서 이야기할 때 사용하는 조동사입니다. 조동사는 본동사를 보조하므로, 단독으로 쓸 수는 없고 꼭 뒤에 동사원형을 붙여서 함께 사용해야 합니다.

- 가다 go → 갈 거다 will go
- 먹다 eat → 먹을 거다 will eat

일반동사 미래형

그러므로 I will go to Canada.는 '나는 캐나다에 갈 거야.'라는 의미가 됩니다. 주어가 3인칭 단수가 되더라도 will 뒤에는 반드시 동사원형을 써 줍니다.

- 나는 캐나다에 갈 거야.   I will go to Canada.
  - → 걔는 캐나다에 갈 거야.   He will go to Canada.
- 나는 빵을 먹을 거야.   I will eat bread.
  - → 그녀는 빵을 먹을 거야.   She will eat bread.

축약형

주어와 will을 줄여서 쓸 수도 있습니다.

- 나는 캐나다에 갈 거야.   I'll go to Canada.
- 걔는 캐나다에 갈 거야.   He'll go to Canada.
- 나는 빵을 먹을 거야.   I'll eat bread.
- 그녀는 빵을 먹을 거야.   She'll eat bread.

'나는 캐나다에 안 갈 거야.'라고 할 때는 I will don't go to Canada.라고 하나요?

★★★☆☆

조동사 will의 부정문과 의문문은 대동사 do와 동일한 방식으로 만듭니다. 즉, will과 do/ does를 한 문장에서 동시에 쓸 수 없다는 의미입니다.

미래형 부정문

'안 할 거야'라고 할 때는 will not을, '할 거야?'라고 물을 때는 Will ~?을 써서 말합니다. will의 부정인 will not은 줄여서 won't로 쓸 수 있습니다.

	현재	미래
긍정문	I go to Canada.	I will go to Canada.
부정문	I do not go to Canada. = I don't go to Canada.	I will not go to Canada. = I won't go to Canada.
의문문	Do I go to Canada?	Will I go to Canada?

부정문과 의문문은 긍정문과 마찬가지로 3인칭 단수 주어가 오더라도 -s/-es는 쓰지 않습니다.

- 걔는 캐나다에 안 갈 거야.   He won't go to Canada.
- 걔는 캐나다에 갈 거야?   Will he go to Canada?

PART 2

be동사

[be동사+명사/형용사 현재형]

No.10 '나는 학생이다.' 답이 I am a student.라는데 am이 뭔지 궁금해요.

No.11 a student랑 students의 차이는 뭐예요?

No.12 '나는 행복해.'가 I am happy.라고 하는데, happy 앞에는 a를 안 쓰나요?

No.13 '너는 행복하니?' 하고 물어보려면 어떻게 해야 할까요?

[be동사+전치사/부사 현재형]

No.14 외국인이 I'm on the bus.라고 말하는 걸 들었는데 무슨 뜻인지 모르겠어요.

No.15 '걔 여기에 있어.'는 He is at here.인가요, He is in here.인가요?

No.16 be동사는 '~이다'라고 해석하면 되나요?

[be동사 과거형]

No.17 '나는 군인이었다.'는 지금은 군인이 아니니까 I am not a soldier.라고 해야 하나요?

No.18 '우리는 행복하지 않았어.'라고 말할 때는 We were not happy.라고 쓰면 되나요?

No.19 '그녀는 예뻤어?'라고 물어볼 때는 Was she pretty?가 맞나요?

[be동사 미래형]

No.20 '걔 괜찮을 거야.'를 영어로 할 때 He will is okay. 하면 되나요?

No.21 We won't be home.에서 won't be는 무슨 뜻이죠?

No. 10 '**나는 학생이다.**'라고 할 때 '나'는 I이고, '학생'은 student이니 **I student**라고 했는데 틀렸어요. 답이 **I am a student.**라는데 am이 뭔지 궁금해요.

be동사+명사/형용사 현재형

★★★☆☆

be동사란?

I student는 명사만의 조합으로, '나는 학생'이라는 뜻의 불완전한 문장입니다. 이 문장이 '나는 학생이다.'라는 완전한 문장이 되려면 동사 be(~이다)를 student 앞에 붙여 줍니다. 즉, I be student.로 만들면 되는데, 이때 주어가 I이므로 be는 am으로 바꿔서 I am student.라고 해야 합니다.

be동사의 종류

위에서 언급한 be동사는 일반동사와 마찬가지로 주어가 무엇인지에(단수/복수, 인칭) 따라 아래와 같이 am, are, is로 바뀝니다.

수	인칭	우리말	영어
단수	1인칭(I)	나는 (한) 학생이다.	I am(=I'm) a student.
	2인칭(You)	너는 (한) 학생이다.	You are(=You're) a student.
	3인칭(He/She)	그는 (한) 학생이다.	He is(=He's) a student.
복수	1인칭(We)	우리는 학생(들)이다.	We are(=We're) students.
	2인칭(You)	너희는 학생(들)이다.	You are(=You're) students.
	3인칭(They)	그들은 학생(들)이다.	They are(=They're) students.

No. 11 a student랑 students의
차이는 뭐예요?

be동사+명사/형용사 현재형

★★★☆☆

a와 s

앞서 배웠듯이 영어는 수를 명확하게 구분하고 표현하는 언어이므로, 그 수를 확실히 해 주기 위해서 a 또는 s를 사용합니다. a student 하면 '학생 한 명'이라는 뜻입니다.

이때 a는 '하나'를 의미합니다. student 뒤에 s를 붙여 students 하면 '학생들'이 되고, 몇 명의 학생인지를 말하려면 students 앞에 숫자를 써서 ten students처럼 쓰면 됩니다.

그래서 I am a student.를 정확히 번역하면 '나는 한 명의 학생입니다.'가 되고, We are students. 하면 '우리는 학생들입니다.'가 됩니다.

셀 수 있는 명사 / 셀 수 없는 명사

student와 같이 단수와 복수로 구분할 수 있는 명사(셀 수 있는 명사)와 달리, '물(water)'이나 '공기(air)'처럼 단수와 복수로 구분할 수 없는 명사(셀 수 없는 명사)는 a나 s 없이 This is water.(이건 물입니다.)라고 쓰면 됩니다.

NO. 12 '**나는 행복해.**'가 **I am happy.**
라고 하는데, happy 앞에는 a를 안 쓰나요?

be동사+명사/형용사 현재형

★★★☆☆

be동사+형용사

I am happy.에서 happy는 형용사입니다. be동사 뒤에는 명사뿐 아니라 형용사도 쓸 수 있습니다. 그래서 주어가 어떤 상태인지 나타내거나, 감정 또는 외형 등을 묘사할 수 있습니다.

이때 형용사는 수를 세는 개념이 아니기 때문에 a나 s를 쓰지 않습니다. 마찬가지로 인칭에 따라 be동사는 am, are, is로 바꾸어 씁니다.

- 나는 행복해.   I am happy.

- 우리는 행복해.   We are happy.
- 너는 예뻐.   You are pretty.

- 그녀는 키가 커.   She is tall.
- 이건 비싸.   This is expensive.

36 · 왕초보가 가장 많이 묻는 영문법 100

NO. 13

'나는 행복하다'가 I am happy.
인 건 알겠는데, **'너는 행복하니?'** 하고
물어보려면 어떻게 해야 할까요?

★★★☆☆

be동사 의문문

일반동사 의문문은 대동사 Do를 주어 앞에 붙여서 의문문을 만드는 반면, be동사 의문문은 주어와 be동사의 위치를 바꿔 주기만 하면 됩니다.

'나는 행복하다.'는 I am happy.이고, '너는 행복하다.'는 You are happy.입니다. 이 두 문장을 의문문으로 바꾸어 '내가 행복하니?', '너는 행복하니?'로 만들려면 주어(I, You)와 be(am, are)동사의 위치를 서로 바꿔 주면 됩니다.

- 나는 행복해. I am happy. → 내가 행복하니? Am I happy?
- 너는 행복해. You are happy. → 너는 행복하니? Are you happy?

- 그녀는 키가 커. She is tall. → 그녀는 키가 크니? Is she tall?
- 이건 비싸. This is expensive. → 이건 비싸니? Is this expensive?

be동사 부정문

I am happy.를 부정문으로 만들려면 be동사 뒤에 not을 붙이면 됩니다.

- 나는 행복해. I am happy. → 나는 안 행복해. I am not happy.
- 너는 행복해. You are happy. → 너는 안 행복해. You are not happy.

- 그녀는 키가 커. She is tall. → 그녀는 키가 안 커. She is not tall.
- 이건 비싸. This is expensive. → 이건 안 비싸. This is not expensive.

부정문은 다음과 같이 축약형을 쓸 수 있습니다.

부정문	축약형
I am not happy.	I'm not happy.
You are not happy.	You aren't happy. / You're not happy.
She is not tall.	She isn't tall. / She's not tall.

부정 의문문

'너 안 행복하니?'와 같은 부정 의문문의 경우 아래와 같이 축약형과 비축약형 두 가지로 표현할 수 있습니다.

- 너는 안 행복해. You are not happy.
  - → 너는 안 행복하니? Are you not happy? 비축약형
- 너는 안 행복해. You aren't happy.
  - → 너는 안 행복하니? Aren't you happy? 축약형

- 그녀는 안 커. She is not tall. → 그녀는 안 크니? Is she not tall? 비축약형
- 그녀는 안 커. She isn't tall. → 그녀는 안 크니? Isn't she tall? 축약형

외국인이 **I'm on the bus.**라고
말하는 걸 들었는데 무슨 뜻인지 모르겠어요.

★★★☆☆

I'm on the bus.는 '나 버스 타고 있어.'라는 뜻입니다.

be동사+전치사+명사

on은 '~에', '~위에'라는 뜻이고, 여기서 be동사는 '있다'라는 뜻입니다. 그래서 I'm on the bus.를 직역하면 '나는 버스에 있다.'가 됩니다. 문장이 만들어지는 순서는 다음과 같습니다.

- (그) 버스   the bus
- (그) 버스에   on the bus
- (그) 버스에 있다   be on the bus
- 난 버스에 (타고) 있다.   I am on the bus.

전치사 on과 in

on 뒤에 버스나 기차, 비행기, 배와 같이 서서 탈 수 있는 교통 수단이 오면 '~에 타고 있다'로 해석합니다. 반면 자동차(car)나 택시(taxi)와 같이 앉아서 타는 교통 수단에는 on이 아닌 in을 쓰는 것에 주의하세요.

전치사	교통수단
on	버스 the bus 배 the ship/boat 열차 the train 지하철 the subway
in	택시 the taxi(=cab) 차 the car 트럭 the truck 헬리콥터 the helicopter

전치사의 종류

이처럼 be동사 뒤에는 '전치사+명사'를 함께 쓸 수 있습니다. be동사와 함께 쓰이는 대표적인 전치사는 아래와 같습니다.

전치사	뜻
at	~에
in	~안에
on	~위에
by	~옆에
from	~으로부터
with	~와 같이

No.
15

'걔 여기에 있어.'는
He is at here.인가요, He is in here.인가요?

be동사+전치사/부사 현재형

★★★★☆

전치사 생략

here은 우리말로 '여기'라고 생각하고 전치사 at이나 in을 함께 써야 할 것처럼 보입니다. 하지만 here은 '여기에'라는 뜻의 장소부사로, 전치사 없이 사용합니다.

그러므로 He is here.가 올바른 문장입니다. '여기 안에'라고 '안'이라는 의미를 부가적으로 넣을 때는 in here라고 쓰는 경우도 있지만 일반적인 경우 대부분 전치사 없이 씁니다.

장소부사

here과 같이 전치사를 필요로 하지 않는 장소부사에는 there, home이 있습니다. 명사처럼 보여서 헷갈리기 쉬우나 명사와 부사는 활용이 다르므로 주의해야 합니다.

전치사 + 장소명사	장소부사
I study at school. (학교에서 공부한다.)	I'm home. (나는 집에 왔어.)
She's in the hospital. (그녀는 병원에 있다.)	I went there. (거기 갔었어.)
I'm from the U.K. (난 영국에서 왔다.)	I got here. (여기 도착했어.)

★★★★☆

be동사의 여러 의미

be동사는 뒤에 무엇이 오느냐에 따라 3가지 뜻으로 해석이 됩니다.

be동사 (am/are/is)	명사	가수	a singer
		가수이다	be a singer
		난 가수다	I am a singer.
	형용사	바쁜	busy
		바쁘다	be busy
		걘 바쁘다	He is busy.
	전치사+장소명사	중국	China
		중국에	in China
		중국에 있다	be in China
		넌 중국에 있다	You are in China.
	장소부사	거기에	there
		거기에 있다	be there
		걘 거기에 있다	He is there.

No. 17 '나는 군인이었다.'는 지금은 군인이 아니니까 I am not a soldier.라고 해야 하나요?

★★☆☆☆

be동사 과거형

과거에 '~이었다'라고 말하려면 be동사의 과거형을 알고 있어야 합니다.

주어	현재형 (-이다/-있다)	과거형 (-이었다/-있었다)
I	am	was
she/he/it	is	was
you/we/they	are	were

I am a soldier(나는 군인이다).는 지금 내가 군인일 때 할 수 있는 말이고, I am not a soldier(나는 군인이 아니다).는 예전에 군인이었다는 사실을 전달할 수는 없기 때문에 과거형을 쓰는 것이 맞습니다.

> 나는 군인이야. I am a soldier. → 나는 군인이었어. I was a soldier.

인칭에 따른 be동사

be동사의 과거형은 was/were 두 가지 형태만 있습니다. 인칭에 주의하여 사용하세요.

- 나는 군인이었어.   I **was** a soldier.
- 너는 거기 있었어.   You **were** there.
- 우리는 행복했어.   We **were** happy.

- 그는 요리사였어.   He **was** a cook.
- 그녀는 예뻤어.   She **was** pretty.
- 그건 비쌌어.   It **was** expensive.

No. 18 '우리는 행복하지 않았어.'라고 말할 때는 **We were not happy.**라고 쓰면 되나요?

be동사 과거형

★★★☆☆

be동사 과거형의 부정문

맞습니다. be동사 과거형의 부정문은 현재형과 마찬가지로 was/were 뒤에 not을 붙여 줍니다.

was not과 were not은 줄여서 wasn't, weren't로 쓸 수 있습니다. 일상 대화에서는 축약형을 더 자주 쓴다는 것을 기억하세요.

- 나는 군인이 아니었어.　　　　　I was not a soldier. → I wasn't a soldier.
- 너는 거기 있지 않았어.　　　　　You were not there. → You weren't there.
- 우리는 행복하지 않았어.　　　　We were not happy. → We weren't happy.

- 그는 요리사가 아니었어.　　　　He was not a cook. → He wasn't a cook.
- 그녀는 예쁘지 않았어.　　　　　She was not pretty. → She wasn't pretty.
- 그건 비싸지 않았어.　　　　　　It was not expensive. → It wasn't expensive.

be동사 과거형

'그녀는 예뻤어?'라고
물어볼 때는 **Was she pretty?**가 맞나요?

★★★☆☆

be동사 과거형의 의문문

네, 맞습니다. be동사 과거형의 의문문 또한 현재형과 마찬가지로 주어와 be동사 위치를
바꿔서 Were/Was+주어 ~?라고 합니다.

- 너는 군인이었니?   Were you a soldier?
- 너는 거기 있었니?   Were you there?
- 우리는 행복했니?   Were we happy?

- 그는 요리사였어?   Was he a cook?
- 그녀는 예뻤어?   Was she pretty?
- 그건 비쌌어?   Was it expensive?

No. 20 '걔 괜찮을 거야.'를 영어로
할 때 **He will is okay.** 하면 되나요?

be동사 미래형

★★★★☆

be동사 미래형

일반동사에서 미래형을 말할 때 will 뒤에 동사원형을 썼던 것처럼, be동사 미래형도 will 뒤에 be동사의 원형을 씁니다. be동사의 원형은 am/are/is가 아닌 be입니다.

- 나는 좋은 엄마가 될 거야.　　　I **will be** a good mom.
- 걔 괜찮을 거야.　　　　　　　He **will be** okay.
- 우리는 집에 있을 거야.　　　　We **will be** at home.
- 그건 좋아질 거야.　　　　　　It **will be** great.

축약형

주어와 will을 줄여서 쓸 수도 있습니다.

- 나는 좋은 엄마가 될 거야.　　　I'**ll be** a good mom.
- 걔 괜찮을 거야.　　　　　　　He'**ll be** okay.
- 우리는 집에 있을 거야.　　　　We'**ll be** at home.
- 그건 좋아질 거야.　　　　　　It'**ll be** great.

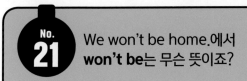

We won't be home.에서
won't be는 무슨 뜻이죠?

★★★☆☆

be동사 미래형의 부정문

won't는 will not의 줄임말입니다. be동사 미래형의 부정문을 말할 때, will not be라
고 하는데, will not을 줄여서 won't be라고 표현하는 것입니다. 앞서 배웠듯이 'be+장소부
사' 형태는 '~에 있다'라고 해석합니다. 그러므로 won't be는 '~에 없을 거다'가 됩니다.

- 걔 괜찮지 않을 거야.   He won't be okay.
- 우리는 집에 있지 않을 거야.   We won't be at home.

be동사 미래형의 의문문

be동사 미래형의 의문문은 Will을 맨 앞에 쓰면 됩니다. be동사는 원형을 씁니다.

- 너는 좋은 엄마가 될 거니?   Will you be a good mom?
- 그거 좋을까?   Will it be great?

will+be

will은 조동사이기 때문에 am/are/is/was/were과 함께 쓰일 수 없고 원형인 be만 가능하
다는 것을 기억하세요.

	현재	미래
긍정문	He is okay.	He will be okay.
부정문	He is not okay. = He's not okay. = He isn't okay.	He will not be okay. = He won't be okay.
의문문	Is he okay?	Will he be okay?

PART 3

진행형

[현재진행형]

No.22 '걔 숙제하고 있어.'라고 말하고 싶은데 He does his homework. 해도 될까요?

No.23 '나는 일하고 있지 않아.'는 I am not working.인가요, I am don't working.인가요?

No.24 언제 현재진행형을 쓰고 현재형을 쓰나요? 둘의 정확한 차이를 모르겠어요.

[현재진행형의 미래 의미]

No.25 '나는 일본에 갈 거야.'를 왜 I'm going to Japan.이라고 하죠? '나는 일본에 가고 있어.' 아닌가요?

No.26 will을 be going to로 바꿀 수 있다는데, 의미상의 차이가 없는지 궁금합니다.

[과거진행형]

No.27 그냥 '했다'가 아니라 '하고 있었다'고 말하려면 어떻게 써야 하나요?

No.28 과거진행형 의문문은 정확히 무슨 의미인가요?

[미래진행형]

No.29 'be동사+-ing'도 미래 의미가 있다고 했으니까 '나 운동하고 있을 거야.'라고 할 때는 I'm working out.이라고 말하면 되나요?

No. 22

'걔 숙제하고 있어.'라고 말하고 싶은데
He does his homework. 해도 될까요?

★★★★☆

현재진행형

현재 하고 있는 일, 즉 '지금 ~하고 있다'라고 말하려면 'be동사+-ing'를 씁니다. 이는 현재진행형이라고 부르고, 이때 be동사는 주어의 인칭에 따라 am/are/is로 써 줍니다.

- 걔 숙제하고 있어.　　　　　　He is doing his homework.
- 난 일하고 있어.　　　　　　　I am working.
- 그들은 점심 먹고 있어.　　　　They are having lunch.
- 그녀는 샤워 중이야.　　　　　She is taking a shower.

-ing 규칙

-ing는 일반동사에 ing를 붙여 주는 것인데, 이 또한 과거형을 만들 때처럼 규칙이 있습니다. 단, 과거형에 비해 규칙이 간단하고 불규칙 변화가 없습니다.

분류	현재형	현재진행형
일반동사	sleep 자다	be sleeping 자는 중이다
e로 끝나는 동사	live 살다	be living 사는 중이다
y로 끝나는 동사	play 연주하다	be playing 연주하는 중이다
단모음+단자음 동사	cut 자르다	be cutting 자르는 중이다

No. 23

'나는 일하고 있지 않아.'는
I am not working.인가요,
I am don't working.인가요?

현재진행형

★★★☆☆

현재진행형 부정문과 의문문

앞서 배운 것과 같이 현재진행형은 be동사 문장입니다. 그러므로 부정문과 의문문 모두 be동사 현재형의 부정문, 의문문과 마찬가지로 만들면 됩니다. be동사 문장이므로 don't 는 붙이지 않습니다.

부정문

- 걔 숙제하고 있지 않아.

  He is not doing his homework.

  = He's not doing his homework.

  = He isn't doing his homework.

- 난 일하고 있지 않아.

  I am not working.

  = I'm not working.

- 그들은 점심 먹고 있지 않아.

  They are not having lunch.

  = They're not having lunch.

  = They aren't having lunch.

- 그녀는 샤워 중이 아니야.

  She is not taking a shower.

  = She's not taking a shower.

  = She isn't taking a shower.

의문문

- 걔 숙제하고 있니?   Is he doing his homework?
- 너 일하고 있니?   Are you working?
- 그들은 점심 먹고 있니?   Are they having lunch?
- 그녀는 샤워 중이니?   Is she taking a shower?

No. 24 언제 현재진행형을 쓰고 현재형을 쓰나요?
둘의 정확한 차이를 모르겠어요.

★★★★★

현재형의 쓰임

먼저 현재형은 현재의 사건, 일반적인 사실, 반복적으로 일어나는 일, 불변의 진리 등에 대해 이야기할 때 씁니다.

- 존은 나를 좋아한다.　　　　　　John **likes** me.　현재의 사건
- 물고기는 물에 산다.　　　　　　Fish **live** in water.　일반적인 사실
- 나는 매일 아침을 먹는다.　　　　I **have** breakfast every day.　반복적으로 일어나는 일
- 물은 섭씨 100도에서 끓는다.　　Water **boils** at 100 degrees Celsius.　불변의 진리

현재진행형의 쓰임

반면 현재진행형은 '순간'의 의미가 강조되어, 현재는 진행 중이지만 어느 시점에 중단될 일시적인 것에 대해 말합니다.

- 나는 지금 아침을 먹는 중이다.　I'm **having** breakfast now.
- 나는 잡지를 읽는 중이다.　　　I'm **reading** a magazine.
- 요즘 기후 변화가 증가하고 있다.　Climate change **is increasing** these days.

> TIP　동사에 따라 현재진행형으로 쓸 수 없는 것들이 있어요. 존재, 소유, 상태, 지각동사 등.
> 이 동사들은 기본 문장 활용이 익숙해진 뒤 학습해도 됩니다.

No. 25

'나는 일본에 갈 거야.'를
왜 **I'm going to Japan.**이라고 하죠?
'나는 일본에 가고 있어.' 아닌가요?

현재진행형의 미래 의미

★★★★★

현재진행형의 미래 의미

will과 현재진행형 모두 미래 의미를 나타낼 수 있습니다. 형태에 따라 의미와 쓰임이 다르므로 주의해서 사용합니다.

will	be+-ing
· 의지를 갖고 있지만 예정되어 있지 않은 일 · 단순하고 막연한 미래	· 현 시점에서 계획하고 있는 미래 · 가까운 시일 내에 일어날 일

be동사+-ing와 주로 어울리는 동사

특히 arrive, leave, go, come처럼 가고 오는 것과 관련 있는 동사는 'be동사+-ing' 형태로 쓰는 경우가 많습니다.

- 나는 일본에 갈 거야. I will go to Japan.
  일본에 가려는 의지를 갖고 있지만 아직 구체적인 계획은 없음

- 나는 일본에 갈 예정이야. I'm going to Japan.
  일본에 갈 계획이 있거나 빠른 시일 내에 떠날 예정

- 무슨 일이 있어도 널 찾을 거야. I will find you no matter what.
  찾겠다는 의지가 있지만 찾을 수 있을지 모름

- 나는 친구랑 저녁을 먹을 거야. I'm having dinner with my friend.
  이미 친구와 식사 약속을 함

No. 26

will을 be going to로 바꿀 수 있다는데, 의미상의 차이가 없는지 궁금합니다.

★★★★★

be going to

미래 의미를 나타내는 방법 중 또 하나는 be going to입니다. will과 be going to도 의미상의 차이가 있습니다. be going to는 하기로 예정되어 있는 일을 언급할 때 주로 쓰입니다.

will	· 의지를 갖고 있지만 예정되어 있지 않은 일 · 단순하고 막연한 미래
be going to	· 확정되진 않았지만 일어날 가능성이 높은 미래
be+-ing	· 현 시점에서 계획하고 있는 미래 · 가까운 시일 내에 일어날 일

will / be going to / be+-ing

우리말로는 같은 뜻으로 쓰이더라도, will < be going to < be+-ing 순으로 미래에 일어날 가능성이 높아진다고 생각하면 됩니다.

- 난 부모님을 방문할 거야.   I **will visit** my parents.
  의지는 있으나 아직 계획이 없음

- 난 부모님을 방문할 거야.   I'm **going to visit** my parents.
  일어날 가능성이 높으나 확정된 계획은 없음

- 난 (다음 주에) 부모님을 방문할 거야.   I'm **visiting** my parents (next week).
  이미 계획이 되어 있음

- 난 영어를 공부할 거야.   I **will study** English.
  의지는 있으나 아직 계획이 없음

- 난 영어를 공부할 거야.   I'm **going to study** English.
  일어날 가능성이 높으나 확정된 계획은 없음

- 난 (내일) 영어를 공부할 거야.   I'm **studying** English (tomorrow).
  이미 계획이 되어 있음

**No.
27** 그냥 '했다'가 아니라 **'하고 있었다'**고
말하려면 어떻게 써야 하나요?

과거진행형

★★★★☆

단순히 과거에 한 일을 말할 때는 과거형을 쓰지만, '하고 있었다'라고 말하려면 과거진행형, 즉 'be동사 과거+-ing'로 말합니다.

과거진행형

앞서 배웠듯이 진행형은 순간의 의미가 강조되기 때문에, 과거진행형은 특정 시간에 무엇을 하고 있었다고 말할 때 쓰입니다. 그래서 시점을 나타내는 표현과 함께 쓰는 경우도 많습니다.

- 나 샤워 중이었어.   I was taking a shower.
- 우리는 일하는 중이었어.   We were working.
- 그녀는 빨래를 하고 있었다.   She was doing her laundry.
- 걔는 통화 중이었어.   He was talking on the phone.

- 나는 (밤 12시에) 자는 중이었어.   I was sleeping (at midnight).
- 그녀는 (어제) 집에 있었어.   She was staying at home (yesterday).

No. 28
과거진행형 의문문은
정확히 무슨 의미인가요?

★★★☆☆

과거진행형 의문문

과거진행형 의문문도 평서문과 마찬가지로 '그 시점에 하고 있었던 일'을 묻는 것입니다. 일반 과거형 의문문에 비해 '시점'에 초점을 더 둔 것이죠. be동사와 주어의 위치를 바꿉니다.

- 너 (그때) 샤워 중이었어?   Were you taking a shower?
- 너희 (그때) 일하고 있었어?   Were you working?
- 그녀는 (그때) 빨래하고 있었어?   Was she doing her laundry?
- 걔는 (그때) 통화 중이었어?   Was he talking on the phone?

과거진행형 부정문

부정문 또한 어떤 시점을 생각하며 was/were not+-ing 형태로 말합니다.

- 나 샤워 중이 아니었어.   I was not taking a shower.
                                 = I wasn't taking a shower.

- 우리는 일하고 있지 않았어.   We were not working.
                                 = We weren't working.

- 그녀는 빨래를 하고 있지 않았다. She was not doing her laundry.
                                 = She wasn't doing her laundry.

- 걔는 통화 중이 아니었다.   He was not talking on the phone.
                                 = He wasn't talking on the phone.

- 나는 (밤 12시에) 자는 중이 아니었어. I was not sleeping (at midnight).
                                        = I wasn't sleeping (at midnight).

- 그녀는 (어제) 집에 있지 않았어. She was not staying at home (yesterday).
                                 = She wasn't staying at home (yesterday).

No. **29** 'be동사+-ing'도 미래 의미가 있다고 했으니까 **'나 운동하고 있을 거야.'**라고 할 때는 **I'm working out.**이라고 말하면 되나요?

미래진행형

★★★★★

미래진행형

과거진행형과 마찬가지로 미래의 특정 시점에 진행되는 것을 말할 때는 명확하게 'will be+-ing'를 씁니다. 여기서 'be동사+-ing'만 쓰면 시점에 대한 언급이 어려우므로 반드시 will을 함께 써야 합니다. 이때 주어의 인칭과 상관없이 will be를 쓴다는 것에 주의하세요.

- 나는 내년에 호주에서 아이들을 가르치고 있을 거야.
- 그땐 내가 제일 좋아하는 드라마를 보고 있을 거야.

Next year, I **will be teaching** children in Australia.
I **will be watching** my favorite drama then.

미래진행형 의문문과 부정문

의문문의 경우 will을 주어 앞으로 이동시키고, 부정문은 will에 not을 붙여 will not 혹은 won't라고 합니다.

- 내일 9시에 숙제하고 있을 거야?
- 밤 12시에 자고 있을 거야?
- 7시에 걘 일하고 있지 않을 거야.
- 그때 숙제를 하고 있지는 않을 거야.

Will you **be doing** your homework at 9 tomorrow?
Will you **be sleeping** at midnight?
He **will not be working** at 7.
= He **won't be working** at 7.
I **will not be doing** my homework then.
= I **won't be doing** my homework then.

PART 4

|

다양한
문장 구조

[감각동사]

No.30 외국인이 "It looks nice!"라고 하는 걸 들었는데 동사 look 뒤에는 nicely가 와야 하는 거 아닌가요?

No.31 She looks like a doll. 이 문장은 어떻게 해석하나요?

No.32 '~처럼 보이다' 할 때 seem like도 들어봤는데, look like / seem like 중에 뭐가 더 자주 쓰이나요?

[수여동사]

No.33 I will give you money. 문장이 올바른 문장인가요? your money가 맞지 않나요?

No.34 수여동사 목적어는 순서가 정해져 있나요?

[사역동사]

No.35 He made me cry.라는 문장은 동사가 두 개니까 틀린 문장인가요?

No.36 '내 차 세차시켰어.'는 I have my car wash. / I have my car be washed. 둘 중 뭐가 맞나요?

No.37 help는 준사역동사라고 들었는데 사역동사와 준사역동사의 차이가 무엇인가요?

[5형식 문장]

No.38 We elected him president.에서 him이 간접목적어이고 president가 직접목적어인가요?

No.39 I found the student smart. 문장을 봤는데요. the smart student.가 되어야 하지 않나요?

No. 30 외국인이 **"It looks nice!"**라고 하는 걸 들었는데 동사 **look 뒤에는 nicely**가 와야 하는 거 아닌가요?

감각동사

★★★★☆

감각동사란?

감각동사라고 불리는 look(보인다), sound(들린다), smell(냄새가 난다), taste(맛이 난다), feel(느낌이 난다)은 뒤에 형용사가 옵니다. 이 감각동사들은 형용사를 보어로 쓰기 때문에 형용사가 동사의 의미를 부연해 줍니다.

look	~하게 보인다
sound	~하게 들린다
smell	~한 냄새가 난다
taste	~한 맛이 난다
feel	~한 느낌이 든다

감각동사의 의미

예를 들어, 감각동사 뒤에 good(좋은)이 오면 '좋아 보인다', '좋은 얘기다', '냄새 좋다', '맛 있다(맛이 좋다)', '(느낌이) 좋다' 등의 의미를 나타냅니다.

- 너 똑똑해 보인다.   You **look** smart.
- 낡아 보여.   It **looks** old.
- 좋은 얘기야.   It **sounds** nice.
- 이 파이 냄새 좋다.   This pie **smells** good.
- 맛이 없어.   It **tastes** bad.
- 기분이 좋아.   I **feel** good.

No. 31 She looks like a doll. 이 문장은 어떻게 해석하나요? 동사가 두 개라 해석을 어떻게 해야 할지 모르겠어요.

★★★☆☆

위 문장에서 동사는 look 하나입니다. 여기서 like는 '좋아하다'라는 동사가 아니라 '~와 비슷한', '~ 같이'라는 의미를 가진 전치사입니다. 감각동사 뒤에 형용사가 아닌 명사가 올 때는 전치사 like을 함께 씁니다.

감각동사+like

감각동사 look 뒤에 'like+명사'가 오면 '(명사)처럼 보이다'로 해석하며, 위 문장은 '그녀는 인형처럼 생겼다.'라는 뜻이 됩니다.

- 그녀는 인형처럼 생겼어.   She **looks like** a doll.
- 너 원어민 같아.   You **sound like** a native speaker.
- 장미향이 나는 것 같아.   It **smells like** a rose.
- 초콜릿 맛이 나.   It **tastes like** chocolate.
- 아기가 된 기분이야.   I **feel like** a baby.

감각동사 중 'feel like 명사/-ing'는 '~같은 기분이야'라는 의미 외에 '~하고 싶다'라는 뜻으로도 자주 쓰이니 문장에서 의미를 잘 파악하는 것이 중요합니다.

감각동사에 대해 정리하면 다음과 같습니다.

look sound smell taste feel	+형용사	~하게 보인다 ~하게 들린다 ~한 냄새가 난다 ~한 맛이 난다 ~한 느낌이 든다
	+like+명사	~처럼 보인다 ~처럼 들린다 ~의 냄새가 난다 ~의 맛이 난다 ~같은 기분이다

No.
32

'~처럼 보이다' 할 때 seem like도
들어봤는데, **look like / seem like** 중에
뭐가 더 자주 쓰이나요?

★★★☆☆

look like vs. seem like

look like, seem like 한국어로는 모두 '~처럼 보이다'이지만 의미상 미묘한 차이가 있습니다. look like는 외모에 대해서, seem like는 인상이나 풍기는 분위기에 대해서 이야기합니다.

- 너 거지 같아.
  You **look like** a beggar.
  외모에서 보이는 모습을 표현

- 너 똑똑한 것 같아.
  You **seem like** a smart guy.
  인상과 풍기는 분위기를 표현

두 표현 모두 의미가 다르기 때문에 상황에 따라 적절한 표현을 사용하면 됩니다.

No. 33

I will give you money. 문장이
올바른 문장인가요?
your money가 맞지 않나요?

수여동사

★★★★☆

수여동사란?

어떤 것을 주고 받는 것과 관련된 동사를 '수여동사'라고 합니다. 이 동사들은 '받는 사람'과 '주는 대상' 두 개의 목적어를 가지고 있는 것이 특징입니다. give, show, teach, make, tell 등이 이에 해당합니다.

give 주다	**you** 너에게	**money** 돈을
수여동사	간접목적어 (받는 사람)	직접목적어 (주는 대상)

목적어 2개

give는 수여동사로, 받는 사람 you(너에게)와 주는 대상 money(돈), 2개의 목적어를 가지고 있습니다. '받는 사람(~에게)=간접목적어', '주는 대상(~을)=직접목적어'라고 합니다. give 뒤에 your money가 오면 '너의 돈을 주다'라는 말이 되므로 받는 사람을 추가로 써야 합니다.

- 너에게 돈을 줄게.   I will **give** you money.
- (나에게) 돈을 보여 줘.   **Show** me the money.
- (나에게) 물 좀 갖다 줘.   **Get** me some water.
- 걔는 나에게 영어를 가르쳐 줘.   He **teaches** me English.
- 엄마는 우리에게 쿠키를 만들어 줬어. My mom **made** us cookies.
- 걔에게 저거 말하지 마.   Don't **tell** him that.
- 난 그에게 이유를 물어봤다.   I **asked** him the reason.

No.
34

수여동사 목적어는 **순서**가 정해져 있나요?
아니면 바뀌어도 되나요?

수여동사

★★★★☆

수여동사 문장 어순

보통 수여동사 문장의 어순은 '주어+동사+간접목적어+직접목적어'로 씁니다. 직접목적어를 먼저 쓰는 경우, 전치사가 반드시 필요합니다.

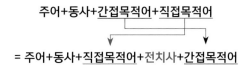

주어+동사+간접목적어+직접목적어

= **주어+동사+직접목적어+전치사+간접목적어**

수여동사+전치사

동사에 따라 필요한 전치사가 조금씩 다릅니다. 모든 것을 일일이 외우기보다는 예문을 많이 접하면서 자연스럽게 익히는 것이 좋습니다.

to가 필요한 동사	give, send, pass, offer, sell, teach, show, tell, write 등
for가 필요한 동사	make, buy, get, cook, order, sing 등
of가 필요한 동사	ask

- 너에게 돈을 줄게.
- (나에게) 돈을 보여 줘.
- (나에게) 물 좀 갖다 줘.
- 걔는 나에게 영어를 가르쳐 줘.
- 엄마는 우리에게 쿠키를 만들어 줬어.
- 걔한테 저거 말하지 마.
- 난 그에게 이유를 물어봤다.

I will **give** money to you.
Show the money to me.
Get some water for me.
He **teaches** English to me.
My mom **made** cookies for us.
Don't **tell** that to him.
I **asked** the reason of him.

No. 35

He made me cry.라는 문장은 동사가 두 개니까 틀린 문장인가요? 여기저기서 많이 봤는데 왜 틀린 문장을 쓰는 거죠?

사역동사

★★★★★

사역동사란?

make, have, let 등은 '사역동사'라고 하는데, '누가 ~ 하도록 시키다'라는 의미를 가집니다. 구조는 다음과 같습니다.

주어+사역동사(have/make/let)+목적어+목적보어(동사원형)

동사별 강도

사역동사에 따라 강요의 정도가 달라집니다. make는 목적어의 의지와 상관없이 강제로 하도록 만든다는 의미고, have는 어떤 일을 하도록 요청하는 뉘앙스입니다. let은 부탁이나 허락에 가깝습니다.

make ~하게 만들다	걔 선생님이 걔가 숙제를 하도록 만들었다. His teacher made him do his homework. 내가 그를 집에 가게 만들었다. I made him go home.
have ~하게 하다, ~하도록 시키다	엄마가 방 청소 하라고 했어. My mom had me clean my room. 걔가 그거 고치게 할게. I'll have him fix it.
let ~하도록 허락하다, ~하도록 내버려두다	제 소개를 할게요. Let me introduce myself. 알려주세요. (내가 알도록 해주세요.) Let me know.

'**내 차 세차시켰어.**'에서 have는
사역동사니까 뒤에 동사원형이 와야 맞죠?
I have my car wash. 아니면 **I have my car
be washed.** 둘 중 뭐가 맞나요?

사역동사

★★★★☆

정답은 둘 다 틀렸고, I have my car washed.가 맞는 표현입니다.

사역동사+p.p.

사역동사 뒤의 목적보어가 동사원형이 올 수 없는 경우가 있습니다. 목적어가 사물이거나,
사람이더라도 어떤 것을 당하는 입장이 되면 **동사원형 대신 p.p.(과거분사)**를 사용합니다.

- 나는 걔가 내 차를 세차하도록 했어.　　　I have him wash my car.
　　　　　　　　　　　　　　　　　　　　걔가 내 차를 세차함

- 나는 내 차를 세차시켰어.　　　　　　　I have my car washed.
　(나는 내 차가 세차되도록 했어.)　　　　내 차가 세차를 당함

사역동사+형용사/부사

p.p.뿐 아니라 **형용사나 부사가 오기도** 합니다. 특별한 규칙이 있다기보다는 문맥이나 상황
에 맞게 형태를 바꾸어 사용합니다.

- 그 이야기는 걔를 충격받게 했어.　　　The story made him shocked.
- 너는 나를 행복하게 만들어.　　　　　You make me happy.
- 걔는 나를 미치게 만들어.　　　　　　He makes me crazy.
- 나 머리 자를 거야.　　　　　　　　　I'll have my hair cut.
- 나를 들어가게 해 줘.　　　　　　　　Let me in.
- 그 개는 밖에 둬.　　　　　　　　　　Let the dog out.

No. 37 help는 준사역동사라고 들었는데
사역동사와 준사역동사의 차이가 무엇인가요?

사역동사

★★★★☆

준사역동사 help

사역동사와 준사역동사의 차이는 to의 유무입니다. help는 사역동사처럼 목적보어에 동사원형이 오기도 하고, 'to+동사'가 오기도 합니다.

의미는 '~가 …하는 것을 돕다'라는 뜻입니다.

- 나는 걔가 방을 청소하는 걸 도왔다.　　I helped him **clean** his room.
　　　　　　　　　　　　　　　　　　= I helped him **to clean** his room.

- 나는 그녀가 세차하는 걸 도왔다.　　　I helped her **wash** her car.
　　　　　　　　　　　　　　　　　　= I helped her **to wash** her car.

- 그녀가 내가 숙제하는 걸 도와줬다.　　She helped me **do** my homework.
　　　　　　　　　　　　　　　　　　= She helped me **to do** my homework.

- 그가 나 이메일 보내는 걸 도와줄 거야.　He will **help** me **send** an E-mail.
　　　　　　　　　　　　　　　　　　= He will **help** me **to send** an E-mail.

No. 38

We elected him president.에서 him이 간접목적어이고 president가 직접목적어인가요?

★★★☆☆

We elected him president.는 5형식 문장이라고 하는데, 목적어와 목적보어(명사)가 있는 문장입니다.

수여동사 (4형식) 문장	주어+동사+직접목적어+간접목적어	나는 너에게 내 차를 주었다. I gave you my car.
5형식 문장	주어+동사+목적어+목적보어(명사)	나는 그를 대통령으로 뽑았다. I elected him president.

목적보어의 역할

수여동사 문장은 각각의 명사가 직/간접 목적어가 되는 반면, 5형식 문장의 president(목적보어)는 목적어인 him을 보충 설명합니다. '그=대통령'이라는 뜻이죠. 목적보어로 명사를 쓰는 동사는 다음과 같습니다.

목적보어로 명사를 쓰는 동사	make, call, name, think, appoint, choose, elect, select, believe 등

- 그냥 마이크라고 불러 줘. Just call me Mike.
- 그녀는 나를 좋은 사람으로 만들어. She makes me a good person.
- 나는 그녀가 학생인 걸 알았다. I found her a student.

make의 경우 동사 자체로 4, 5형식 구분이 어렵기 때문에 문맥을 통해 구분해야 합니다.

No. 39

I found the student smart. 문장을 봤는데요. 형용사는 명사 앞에서 수식하니까 **I found the smart student.**가 되어야 하지 않나요?

5형식 문장

★★★★☆

목적보어가 형용사인 문장

I found the student smart.는 5형식으로, 목적보어가 형용사인 문장입니다. 명사 앞에 형용사를 둘 때와 뜻이 완전히 달라집니다.

- 나는 그 학생이 똑똑하다는 것을 알게 되었다.   I found the student smart.
- 나는 그 똑똑한 학생을 찾았다.   I found the smart student.

목적보어에 형용사를 쓰는 동사

목적보어에 형용사를 쓰는 동사는 다음과 같습니다. 목적보어 자리에 부사는 오지 않는다는 것을 기억하세요.

목적보어로 형용사를 쓰는 동사	make, find, think, leave, keep, turn, consider, get 등

- 나는 이 책이 정말 쉽다는 걸 알게 되었다.   I found this book very easy.
- 나는 이 기계를 깨끗하게 유지한다.   I keep this machine clean.
- 나를 혼자 두지 마.   Don't leave me alone.
- 이 담요가 널 따뜻하게 유지시켜 줄 거야.   This blanket will keep you warm.

PART 5

조동사

[Can]

No.40 You can get in.은 '너 들어올 수 있어.'라는 뜻인가요? 말이 이상한 것 같아요.

No.41 You can't go home.은 '너 집에 가도 되지 않아.'라고 하기 이상한데, 다른 뜻이 있나요?

No.42 '걔 영어 할 수 있어?'를 Can she speaks English?라고 했는데 틀렸어요. 주어가 she니까 speaks 아닌가요?

No.43 부탁할 때 Could you do me a favor? 하고 말하는데, 왜 can이 아니라 과거형 could를 쓰나요?

[may/might]

No.44 It may rain tomorrow.라는 문장을 봤는데, may는 무슨 뜻인가요?

No.45 might는 may의 과거형 맞나요?

No.46 Can I borrow your pen?/May I borrow your pen? 둘 다 펜을 빌려줄 수 있냐는 뜻인데, 차이가 있나요?

[must/have to/should]

No.47 You must be tired.는 '넌 피곤해야만 해.'인가요?

No.48 '~해야 한다'고 얘기할 때 must, should, have to가 있잖아요. 각자 어떤 차이가 있는지 궁금합니다.

No.49 I must pay the bill.의 의문문은 Do I must pay the bill?인가요?

No.50 have to보다 must가 강제성이 더 강하다고 배웠는데 부정문도 마찬가지인가요?

No.51 '~해야만 할 거야'라고 할 때는 will must 하면 되나요?

No. 40 **You can get in.은 '너 들어올 수 있어.'라는 뜻인가요? 말이 이상한 것 같아요.**

Can

★★★☆☆

can의 두 가지 의미

can은 보통 '할 수 있다'라는 뜻으로만 알고 있지만, '해도 된다'라는 의미도 가지고 있습니다. 즉, 능력과 허락의 두 가지 의미가 있습니다. 문맥에 따라 주의해서 해석해야 합니다.

- I **can** play the piano.　　　나는 피아노를 연주할 수 있어. **능력**

　　　　　　　　　　　　　　나는 피아노를 연주해도 돼. **허락**

You can get in.은 '네가 들어올 수 있다.'라는 능력으로 해석하면 어색합니다. '너 들어와도 돼.'라는 허락의 의미로 해석해야 합니다.

can은 조동사이므로 주어가 3인칭 단수이더라도 동사에 -s/-es를 붙이지 않습니다.

능력

- 나는 빠르게 달릴 수 있어.　　　I **can** run fast.
- 걔는 영어로 말할 수 있어.　　　He **can** speak English.
- 그녀는 쿠키를 만들 수 있어.　　She **can** make cookies.
- 우리는 다음 주에 여행 갈 수 있어.　We **can** go traveling next week.

허락

- 너는 집에 가도 돼.　　　　　　You **can** go home.
- 걔 무대에서 춤춰도 돼.　　　　He **can** dance on the stage.
- 그녀는 이 위에 그림 그려도 돼.　She **can** draw a picture on this.
- 그들은 여기 들어와도 돼요.　　They **can** get in here.

No. 41

You can't go home.은 '너 집에 가도 되지 않아.'라고 하기 이상한데, 다른 뜻이 있나요?

Can

★★★★☆

cannot의 두 가지 의미

can의 부정문은 cannot으로 씁니다. can과 not은 붙여서 씁니다. 줄여서 can't로 쓰는데, 보통 일상 대화에서는 축약형을 더 많이 씁니다.

can의 부정문은 특이하게도 능력과 허락의 단순한 반대말이 아니라 **'불능과 금지'**를 나타냅니다. 그래서 **'~할 수 없다'**와 **'~하면 안 된다'**로 해석됩니다. 이 또한 문맥에 맞게 주의해서 해석해야 합니다.

불능

- 나는 빠르게 달릴 수 없어.   I **can't** run fast.
- 걔는 영어로 말할 수 없어.   He **can't** speak English.
- 그녀는 쿠키를 만들 수 없어.   She **can't** make cookies.
- 우리는 다음 주에 여행 갈 수 없어.   We **can't** go traveling next week.

금지

- 너는 집에 가면 안 돼.   You **can't** go home.
- 걔 무대에서 춤추면 안 돼.   He **can't** dance on the stage.
- 그녀는 이 위에 그림 그리면 안 돼.   She **can't** draw a picture on this.
- 그들은 여기 들어오면 안 돼요.   They **can't** get in here.

'걔 영어 할 수 있어?'를 Can she speaks English?라고 했는데 틀렸어요. 주어가 she니까 speaks 아닌가요?

Can

★★★☆☆

can 의문문

앞서 설명한 것 같이 can은 조동사입니다. 조동사는 항상 뒤에 동사원형이 옵니다. 그래서 주어가 she여도 speaks가 아닌 speak을 씁니다.

Can you ~?로 물어보면 능력과 허락의 의미를 나타냅니다. 허락에서 나아가 부탁의 의미까지 확장됩니다.

능력

- 너 빠르게 달릴 수 있어?   Can you run fast?
- 걔 영어로 말할 수 있어?   Can he speak English?
- 그녀가 쿠키를 만들 수 있어?   Can she make cookies?
- 우리 다음 주에 여행 갈 수 있어?   Can we go traveling next week?

허락

- 나 집에 가도 돼?   Can I go home?
- 걔 무대에서 춤춰도 돼?   Can he dance on the stage?
- 그녀가 이 위에 그림 그려도 돼?   Can she draw a picture on this?
- 그들이 여기 들어와도 돼요?   Can they get in here?

부탁

- 나 전화기 좀 가져다줄래?   Can you get me a phone?
- 나 펜 좀 빌려줄래?   Can you lend me a pen?

부탁할 때 Could you do me a favor?
하고 말하는데, 왜 can이 아니라 과거형
could를 쓰나요?

Can

★★★★☆

can과 could

could는 can의 과거형으로 '할 수 있었다'라는 의미입니다. can이 들어간 문장이 과거형일 때는 동사를 과거로 바꾸지 않고 can을 could로만 바꿔주면 됩니다.

하지만 의문문에서 Could you ~?라고 묻는 경우, can의 과거형이 아니라 좀 더 공손한 부탁의 표현이 됩니다. '~해 주실 수 있나요?'라고 해석할 수 있습니다.

can의 과거형

- 걔 수영 잘했었어?   **Could** he swim well?
- 걔들 기타 칠 줄 알았어?   **Could** they play the guitar?
- 톰은 한국어 할 수 있었어?   **Could** Tom speak Korean?

공손한 표현

- 전화기 좀 가져다주실 수 있나요?   **Could you** get me a phone?
- 편지 좀 전달해 주실 수 있나요?   **Could you** send a letter for me?
- 펜 좀 빌려주실 수 있나요?   **Could you** lend me a pen?

No. 44

It may rain tomorrow.라는 문장을
봤는데, **may**는 무슨 뜻인가요?

may/might

★★☆☆☆

조동사 may

may는 '~할 수도 있다', '~할지도 모른다'라는 뜻으로, 매우 확률이 낮은 추측을 말할 때 쓰는 조동사입니다. 50:50의 확률로 '그럴지도 모른다'라는 의미로 추측하는 것입니다.

may는 조동사이므로 주어가 3인칭 단수이더라도 -s/-es를 붙이지 않습니다.

- 걔가 올지도 몰라.   He **may** come.
- 그녀가 답을 알지도 몰라.   She **may** know the answer.
- 그게 사실일지도 모른다.   That **may** be true.

may not

부정문은 may 뒤에 not을 붙입니다.

- 걔는 안 올지도 몰라.   He **may not** come.
- 그녀는 답을 모를 수도 있어.   She **may not** know the answer.
- 그게 사실이 아닐지도 모른다.   That **may not** be true.

May I ~?

의문문은 May ~?라고 쓰는데, 추측의 질문은 거의 쓰지 않고, May I ~?라고 해서 '제가 ~ 해도 되나요?'라고 공손하게 양해를 구하는 표현으로 대부분 쓰입니다.

- 제가 펜을 빌려도 되나요?   **May I** borrow your pen?
- 제가 여기 앉아도 되나요?   **May I** sit here?
- 제가 지금 집에 가도 되나요?   **May I** go home now?

No. 45

'걔 점심 안 먹었을지도 몰라'를 왜 과거형인 He might not have dinner.라고 쓰나요? **might는 may의 과거형** 맞나요?

may/might

★★★★☆

조동사 might

may의 과거형은 might가 맞습니다. 하지만 might가 may의 과거시제로만 쓰이는 것이 아니라 may와 같이 추측할 때도 쓰입니다. 둘의 차이는 크게 없습니다. 대신 might는 의문문에서 거의 쓰이지 않습니다.

긍정문

- 걔가 올지도 몰라.   He **might** come.
- 그녀가 답을 알지도 몰라.   She **might** know the answer.
- 그게 사실일지도 모른다.   That **might** be true.

부정문

- 걔는 안 올지도 몰라.   He **might not** come.
- 그녀는 답을 모를 수도 있어.   She **might not** know the answer.
- 그게 사실이 아닐지도 모른다.   That **might not** be true.

No. 46

Can I borrow your pen?과 May I borrow your pen? 둘 다 펜을 빌려줄 수 있냐는 뜻이라고 하는데, 어떤 차이가 있나요?

may/might

★★☆☆☆

Can I ~?와 May I ~?

Can I ~?와 May I ~?는 전달하는 의미는 같지만 May I ~?가 좀 더 공손하고 정중한 느낌이 듭니다. 정중하게 내가 허락을 구할 때는 May I ~?를 쓰고, 상대에게 공손하게 부탁할 때는 Could you ~?를 씁니다.

Can I ~?

- 펜 좀 빌려줄래?   Can I borrow your pen?
- 여기 앉아도 되니?   Can I sit here?
- 지금 집에 가도 되니?   Can I go home now?

May I ~?

- 제가 펜을 빌려도 되나요?   May I borrow your pen?
- 제가 여기 앉아도 되나요?   May I sit here?
- 제가 지금 집에 가도 되나요?   May I go home now?

Could I ~?

- 펜 좀 빌려주실 수 있나요?   Could you lend me a pen?
- 전화기 좀 가져다주실 수 있나요?   Could you get me a phone?
- 편지 좀 전달해 주실 수 있나요?   Could you send a letter for me?

No. 47

You must be tired.는
'넌 피곤해야만 해.'라는 뜻인가요?

★★★☆☆

must의 두 가지 의미

must는 '~해야 한다'라는 의무와 '~임이 틀림없다'라는 추측(확신)의 의미를 가지고 있습니다. 문맥을 통해 어색하지 않도록 잘 구분해서 해석해야 합니다.

보통 be동사와 함께 쓰는 경우, '~임이 틀림없다'로 많이 쓰입니다. must는 조동사이기 때문에 주어가 3인칭 단수이더라도 동사에 -s/-es를 붙이지 않습니다.

의무

- 나 그거 꼭 해야 해. I **must** do it.
- 너 지금 약 먹어야 해. You **must** take a pill now.
- 그녀는 더 빨리 가야 돼. She **must** go faster.
- 우리는 오늘 일해야 해. We **must** work today.

확신

- 너 분명 피곤하구나. You **must** be tired.
- 걔는 그녀의 친구가 확실해. He **must** be her friend.
- 그녀는 나이가 많은 게 분명해. She **must** be old.
- 그들은 분명 행복할 거야. They **must** be happy.

No. 48 '~해야 한다'고 얘기할 때 must, should, have to가 있잖아요. 각자 어떤 차이가 있는지 궁금합니다.

must/have to/should

★★★★☆

의무의 조동사

의무를 나타내는 조동사는 must, have to, should가 있습니다. 우리말로는 '~해야 한다' 라고 똑같이 해석되지만 각각 의미가 조금 다릅니다.

must	have to (3인칭 단수에는 has to)	should
반드시 해야 하는 일	해야 하는 일	충고, 조언
너 이거 오늘 끝내야만 해. You must finish this today.	너 지금 집에 가야 해. You have to go home now.	너 담배 끊어야 해. You should quit smoking.

조동사별 강도

이 중 must가 가장 강한 의무의 느낌을 줍니다. 친구나 동료 사이에서는 거의 쓰지 않습니다. 그리고 have to 대신 일상 회화에서는 gotta도 종종 씁니다. gotta는 가까운 친구나 가벼운 대화에서만 쓸 수 있으니 주의해서 사용하세요.

- 운전할 때 안전벨트를 반드시 해야 해.   You **must** wear a seatbelt when you drive.
- 넌 오늘 일찍 와야만 해.   You **must** come early today.
- 넌 걔 의견을 받아들여야 해.   You **have to** accept his opinion.
- 걔들 여기 있어야 돼.   They **have to** be here.
- 너 술 그만 마셔야 해.   You **should** stop drinking.
- 너 그 책을 가져와야 해.   You **should** bring the book.

No. 49 I must pay the bill.의 의문문은
Do I must pay the bill?인가요?

★★★☆☆

must 의문문

must는 조동사이기 때문에 will이나 can처럼 must가 맨 앞으로 이동하여 Must I pay the bill? 하면 됩니다. should도 마찬가지입니다.

하지만 have to의 경우 의미는 조동사와 같지만 일반동사로 치기 때문에 do나 does를 주어 앞에 붙여야 합니다.

조동사별 의문문

- 저 운전할 때 안전벨트를 해야 하나요? Must I wear a seatbelt when I drive?
- 나 오늘 일찍 와야 해?   Must I come early today?

- 내가 걔 의견을 받아들여야 해?   Do I have to accept his opinion?
- 걔들 여기 있어야 돼?   Do they have to be here?

- 나 술 그만 마셔야 해?   Should I stop drinking?
- 내가 그 책을 가져와야 해?   Should I bring the book?

★★☆☆☆

> 조동사 부정문

보통 조동사는 부정문이 되면 그 반대의 의미를 나타내지만, have to의 경우 don't have to가 되면 '~할 필요 없다'라는 강제성이 약한 의미로 변합니다. 강도는 다음과 같습니다.

must not > should not > don't have to

must not은 '~해서는 (절대) 안 된다'라는 의미고, should not은 '~하면 안 된다'라는 조언과 충고의 의미입니다. must not은 mustn't로, should not은 shouldn't로 줄여서 쓸 수 있습니다.

- 운전할 때 절대 뒤를 보면 안 돼.
  You **must not(=mustn't)** look back when you drive.
- 너 오늘 수업 빼먹으면 안 돼.
  You **must not(=mustn't)** skip the class today.

- 넌 걔 의견을 받아들일 필요 없어.
  You **don't have to(=do not have to)** accept his opinion.
- 걔들 여기 있을 필요 없어.
  They **don't have to(=do not have to)** be here.

- 너 술 더 마시면 안 돼.
  You **shouldn't(=should not)** drink more.
- 너 게임하면 안 돼.
  You **shouldn't(=should not)** play the game.

No. 51 '~해야만 할 거야'라고 말할 때는
will must 하면 되나요?

★★★☆☆

will have to

미래에 해야만 하는 일을 이야기할 때는 will have to가 맞습니다. 한 문장에 조동사가 두 개가 올 수 없으므로 will must, will should는 불가능합니다.

- 넌 걔 의견을 받아들여야 할 거야.   You **will have to** accept his opinion.
- 걔들 여기 있어야 할 거야.   They **will have to** be here.
- 걔 오늘 그거 끝내야 할 거야.   He **will have to** finish it today.

had to

반대로 '~했어야 했어'라는 과거의 의무에 대해서는 had to를 사용합니다. must와 should에는 과거형이 없기 때문에 쓸 수 없습니다.

- 넌 걔 의견을 받아들여야 했어.   You **had to** accept his opinion.
- 걔들 여기 있어야 했어.   They **had to** be here.
- 걔 어제 그거 끝내야 했어.   He **had to** finish it yesterday.

PART 6

|

의문문

[의문사 의문문]

No.52 '점심 먹었어?'는 Did you have lunch?인데 '뭐 먹었
어?'라고 물어보려면 Did you have what?이라고 하면
되나요?

No.53 How sweet of you!를 '다정도 하셔라!'로 해석하던데
어떻게 그렇게 해석이 되는지 궁금합니다.

No.54 what도 '무엇'이고 which도 '무엇'이라고 하는데 차이점
이 뭐죠?

No. 52 '점심 먹었어?'는 Did you have lunch? 인데 '**뭐 먹었어?**'라고 물어보려면 **Did you have what?**이라고 하면 되나요?

★★★★☆

의문사 의문문

'무엇'이라는 말은 what입니다. 이것을 '의문사'라고 부릅니다. 의문사는 '누가, 언제, 무엇을, 어디서, 왜, 어떻게'에 대한 내용을 물어볼 때 사용합니다.

who(누가), when(언제), what(무엇을), where(어디서), why(왜), how(어떻게)

의문사 의문문을 만들 때는 의문사를 의문문의 맨 앞으로 보냅니다.

너 점심 먹었어?	
Did you have lunch?	→

너 뭐 먹었어?
What did you have?

Who 의문문

- 너는 누구를 좋아하니?   Who do you like?
- 그녀는 누구를 만났어?   Who did she meet?
- 누가 걔 여자친구야?   Who is his girlfriend?
- 너 누구 보고 있어?   Who are you looking at?
- 걔는 누구랑 일했니?   Who did he work with?

When 의문문

- 너는 언제 일어나니?   When do you get up?
- 걔 생일은 언제야?   When is his birthday?
- 그녀는 언제 여기 올 거야?   When will she come here?
- 너 이거 언제 끝냈어?   When did you finish this?
- 우리 언제 시작할 거야?   When will we start?

What 의문문

- 너는 무엇을 갖고 싶어?   **What** do you want to have?
- 그녀는 뭐하고 있어?   **What** is she doing?
- 걔는 가게에서 뭘 샀어?   **What** did he buy at the shop?
- 우리 뭐 탈 거야?   **What** will we take?
- 걔들 뭘 주문할 거야?   **What** will they order?

Where 의문문

- 티켓을 어디서 구할 수 있나요?   **Where** can I get a ticket?
- 어젯밤에 어디서 잤어?   **Where** did you sleep last night?
- 그녀는 어디서 걔를 만났어?   **Where** did she meet him?
- 걔는 어디서 공부할 거야?   **Where** will he study?
- 우리는 어디를 여행할 거야?   **Where** will we travel?

Why 의문문

- 너 왜 여기서 자고 있어?   **Why** are you sleeping here?
- 너 어제 왜 왔어?   **Why** did you come yesterday?
- 그녀는 왜 너에게 소리 질렀어?   **Why** did she yell at you?
- 우리는 왜 거기를 가야 해?   **Why** do we have to go there?
- 걔는 왜 그걸 사길 원해?   **Why** does he want to buy it?

How 의문문

- 너 이거 어떻게 끝냈어?   **How** did you finish this?
- 그녀는 그 케이크 어떻게 만들었어?   **How** did she make the cake?
- 그들은 어떻게 밖으로 나갔어?   **How** did they go out?
- 걔는 어떻게 그 소리를 들었어?   **How** did he hear the sound?
- 너 어떻게 지내?   **How** are you?

How sweet of you!를 '다정도 하셔라!' 로 해석하던데 어떻게 그렇게 해석이 되는지 궁금합니다.

No. 53

의문사 의문문

★★☆☆☆

how의 두 가지 의미

의문사 how의 대표적인 뜻으로 '어떻게'와 '얼마나'가 있습니다. how 뒤에 형용사/부사가 오면 '얼마나'로 해석합니다.

어떻게	그거 어떻게 했어?	How did you do that?
	그가 그걸 어떻게 했는지 몰라.	I don't know how he did it.
얼마나	그거 얼마야?	How much is it?
	그 다리 얼마나 길어?	How long is the bridge?

How sweet of you!는 '네가 얼마나 다정한지!(너 정말 다정하구나!)'로 해석할 수 있으며, how는 여기서 '얼마나 ~한지 가늠할 수 없을 정도'라는 감탄의 의미로 해석하면 됩니다.

어떻게 how

- 그건 어떻게 작동하나요?   How does it work?
- 난 그거 어떻게 작동하는지 알아.   I know how it works.

얼마나 how

- 너 정말 친절하구나!(네가 얼마나 착한지!)   How kind of you!
- 넌 정말 예쁘구나!(넌 얼마나 예쁜지!)   How pretty you are!

No. 54 what도 '무엇'이고 which도 '무엇'이라고 하는데 **차이점**이 뭐죠?

★★★☆☆

what과 which는 둘 다 '무엇'으로 해석하는데, 둘은 '범위'가 다르다고 생각하면 됩니다.

what과 which

what은 불특정한 다수 중에 어떤 것인지 물어볼 때 쓰이고, which는 한정된 범위 내에서 선택할 때 씁니다. 그래서 which는 '(그 중) 어느 것/어떤 것'으로 해석하는 것이 더 자연스럽습니다.

- 디저트로 어떤 거 원해?　　　**What** do you want for dessert?
　　　　　　　　　　　　　　Which one do you want for dessert?

위 문장은 우리말로는 같은 해석이지만, 메뉴가 따로 없이 먹고 싶은 디저트를 생각하라고 할 때는 what을, 디저트 메뉴가 제시되어 있고 그 중 하나를 선택하라는 질문이면 which를 써야 합니다.

what+명사 / which+명사

좀 더 명확한 범위를 정해 줄 때는 what이나 which 뒤에 명사를 붙여 주기도 합니다.

- 뭐 마시고 싶어?　　　　　　**What** do you want to drink?
- 무슨 맛으로 마시고 싶어?　　**Which flavor** do you want to drink?

- 무슨 색 좋아해?　　　　　　**What color** do you like?
- 무슨 색을 더 좋아해?　　　　**Which color** do you prefer?

PART 7

완료시제

[현재완료(경험)]

No.55 Have you read this book?에서 한 문장에 동사가 두 개 오면 안 된다고 했는데 이 문장은 틀린 건가요?

No.56 '뉴욕에 가 본 적 있어?'를 Have you gone to New York?이라고 했는데 틀렸대요. 왜 틀린 건가요?

No.57 Have you been to the UK? 하고 물어보면 대답은 어떻게 하나요?

[현재완료(계속)]

No.58 I lived in Seoul.과 I've lived in Seoul.의 정확한 차이를 모르겠어요.

[현재완료(완료)]

No.59 '숙제 다 끝냈어?' 하고 물어보려고 하는데 Did you finish your homework?가 맞나요?

[현재완료(결과)]

No.60 I have lost my wallet.과 I lost my wallet.의 차이점이 무엇인가요?

No.61 My daughter has never fully recovered. 문장은 '내 딸은 완전히 회복된 적이 없다.'라고 해석하면 되나요?

[현재완료 진행형]

No.62 I've been studying French for 5 years.는 I've studied French for 5 years.랑 어떻게 다른가요?

No.63 What have you been doing?은 무슨 뜻인가요?

Have you read this book?

NO. 55

문장을 보았는데요. 한 문장에 동사가 두 개
오면 안 된다고 했는데 이 문장은 틀린 건가요?

현재완료(경험)

★★★★☆

현재완료 시제

위 문장은 현재완료 시제 문장입니다. 현재완료란 과거부터 현재까지 지속되거나 과거의
일이 현재까지 영향을 끼치는 사건을 이야기할 때 쓰는 시제입니다.

'경험'의 현재완료

현재완료는 '~해 본 적 있다'라는 경험의 의미를 나타내며, 형태는 have p.p.(과거분사)
입니다. 여기서 have는 '가지다'가 아니라 조동사 역할을 하며, 뜻을 따로 가지진 않습니다.
have는 주어의 인칭에 따라 have/has로 씁니다.

	have p.p.	
과거		현재

Have you read this book?에서 read(읽다)는 p.p. 형태가 되어도 read이기 때문에 이 문
장은 결과적으로 맞는 문장입니다. 뜻은 '이 책 읽어 본 적 있니?'라는 의미가 됩니다.

의문문

- 그 영화 본 적 있어?   Have you seen the movie?
- 그 노래 들어 본 적 있어?   Have you listened to the song?
- 걔 파스타 먹어 본 적 있어? Has he tried pasta?
- 그녀는 사무실에서 일해 본 적 있어? Has she worked at the office?

'~해 본 적이 한 번이라도 있니?'처럼 경험을 강조하여 물어볼 때는 ever을 추가해 줄 수 있
습니다.

- 이 책 읽어 본 적 있니?   Have you read this book?
- 이 책 한 번이라도 읽어 본 적 있니?   Have you ever read this book?

'~해 본 적 있다'라고 평서문으로 말할 때는 주어와 have를 바꿔 주면 됩니다. 반대로 부정문을 만들 때는 have/has에 not을 붙여 줍니다.

평서문

- 그 영화 본 적 있어.   I have seen the movie.
- 그 노래 들어 본 적 있어.   I have listened to the song.
- 걔 파스타 먹어 본 적 있어.   He has tried pasta.
- 그녀는 사무실에서 일해 본 적 있어.   She has worked at the office.

부정문

- 그 영화 본 적 없어.   I have not(=haven't) seen the movie.
- 그 노래 들어 본 적 없어.   I have not(=haven't) listened to the song.
- 걔 파스타 먹어 본 적 없어.   He has not(=hasn't) tried pasta.
- 그녀는 사무실에서 일해 본 적 없어.   She has not(=hasn't) worked at the office.

'~해 본 적이 전혀 없어'라고 강조할 때는 never을 추가해 줄 수 있습니다.

- 난 그 영화 본 적 없어.   I have not(=haven't) seen the movie.
- 난 그 영화 한 번도 본 적 없어.   I have never seen the movie.

No. 56 '**뉴욕에 가 본 적 있어?**'를
Have you gone to New York?이라고
했는데 틀렸대요. 왜 틀린 건가요?

현재완료(경험)

★★★★☆

have gone vs. have been

'~에 가 본 적 있니?' 하고 물어볼 때는 'Have you been to 장소?'가 됩니다. '가다'는 go가 맞지만 이 질문은 사실 어떤 장소에 체류해 본 적 있는지를 질문하는 것이므로 '~에 있었던 적이 있니?'라고 물어봐야 합니다.

그때 쓰는 동사는 be입니다. go를 쓰는 경우는 완전히 그 장소에 가서 지금 이 자리에 없을 때입니다.

- 너 뉴욕에 가 본 적 있니?　　　　Have you **been** to New York?
- 너 뉴욕에 갔니? (지금 여기에 없음)　　Have you **gone** to New York?

- 난 뉴욕에 가 본 적 있어.　　　　I **have been** to New York.
　　　　　　　　　　　　　　　　(=I've **been** to New York.)
- 걔는 갔어.　　　　　　　　　　He **has gone.**
　　(어디 있는지는 모르지만 지금 여기에 없음)

No. 57 Have you been to the UK? 하고
물어보면 대답은 어떻게 하나요?

현재완료(경험)

★★★☆☆

현재완료 의문문의 대답

현재완료로 물어보는 질문에는 Yes와 No로 대답합니다. 질문과 마찬가지로 대답 또한 주어
의 인칭에 따라 have와 has를 구분하여 써 줍니다.

영국에 가 본 적 있어?

Have you ever been to the UK?

응, 가 본 적 있어.	아니, 가 본 적 없어.
Yes, I have.	No, I haven't.

그 영화 본 적 있어?

Have you seen the movie?

응, 본 적 있어.	아니, 본 적 없어.
Yes, I have.	No, I haven't.

그 노래 들어 본 적 있어?

Have you listened to the song?

응, 들어 본 적 있어.	아니, 들어 본 적 없어.
Yes, I have.	No, I haven't.

걔 파스타 먹어 본 적 있어?

Has he tried pasta?

응, 먹어 본 적 있어.	아니, 먹어 본 적 없어.
Yes, he has.	No, he hasn't.

97

No. 58

I lived in Seoul.과
I've lived in Seoul.의 정확한 차이를
모르겠어요.

현재완료(계속)

★★★★☆

'계속'의 현재완료

I lived in Seoul.은 '과거에 서울에 살았었다.'라는 의미입니다. 지금도 살고 있는지는 알수 없고 과거에 살았던 사실만을 말하죠. 반면 I've lived in Seoul.은 '과거부터 현재까지(쭉) 서울에 살고 있다'고 말하는 것입니다.

- 나는 줄곧 서울에서 살아왔다.   I have lived in Seoul.
- 그녀는 요리를 해 오고 있다.   She has cooked.
- 우리는 여행을 해 오고 있다.   We have traveled.

기간 표기하기

이처럼 have p.p.는 과거부터 지금까지 이어지고 있는 것을 말할 수 있는데, 얼마 동안 해 왔는지 기간을 뒤에 붙여서 말할 수도 있습니다. since는 '~이후로 줄곧/내내'라는 뜻이고, for는 '~동안'의 의미를 나타냅니다.

- 결혼한 이후로 줄곧 서울에서 살아왔다.   I have lived in Seoul since I got married.
- 그녀는 2시간째 요리를 해 오고 있다.   She has cooked for 2 hours.
- 우리는 1년째 여행을 해 오고 있다.   We have traveled for 1 year.

현재완료 vs. 과거형

'~동안'이라는 뜻의 전치사 for는 I lived in Seoul for 2 years.처럼 과거시제와 쓸 수도 있는데, 과거형인 lived는 과거에 2년 동안 살았던 것만 알 수 있고, 현재 그곳에 살고 있는지는 알 수 없습니다. 하지만 have lived를 쓴 경우는 과거부터 지금까지 2년을 서울에 살았고 지금도 살고 있다는 의미입니다.

앞서 배운 현재완료형과 마찬가지로 부정문은 have/has 뒤에 not을 붙입니다.

- 나는 서울에서 살아오지 않았다.　　I have not lived in Seoul.
- 그녀는 요리를 해 오고 있지 않다.　　She has not cooked.
- 우리는 여행을 해 오고 있지 않다.　　We have not traveled.

의문문

현재완료 have p.p.의 have는 조동사이므로 조동사와 의문문 만드는 법이 같습니다. 그러므로 Have you studied English?가 맞습니다.

- 너는 줄곧 서울에서 살아왔니?　　Have you lived in Seoul?
- 그녀는 요리를 해 오고 있니?　　Has she cooked?
- 우리는 여행을 해 오고 있니?　　Have we traveled?

의문문은 부정형을 써서 '~해 오지 않았어?'라고 물어볼 수도 있습니다.

그녀는 노력하지 않았어(노력해 오지 않았어)?
Hasn't she made an effort?

'숙제 다 끝냈어?' 하고 물어보려고 하는데 **Did you finish your homework?** 가 맞나요? **Have you finished your homework?**이 맞나요?

현재완료(완료)

★★★★☆

둘 다 가능한 표현입니다. 위 문장에서 have p.p.는 현재완료의 완료적 용법입니다. 과거에 시작한 일이 현재에는 완료된 상태일 때 이 표현을 씁니다.

'완료'의 현재완료

현 시점에서 보면 일이 이미 완료되었기 때문에 단순 과거와 현재완료의 차이를 잘 구분하지는 않는데, 굳이 따지자면 단순 과거는 과거에 그 행위를 한 사실에 대해 묻는 것이고, 현재완료는 현재 그것이 끝난 상태인지를 묻는 것입니다.

- 너 숙제 끝냈어? Did you finish your homework? 숙제를 끝내는 행위에 관심

  Have you finished your homework? 숙제가 끝난 상태인지에 관심

부사 추가하기

현재완료의 완료적 용법을 구별하는 특징은 already(이미), yet(아직), just(막) 등이 함께 쓰인다는 것입니다. yet은 부정문과 의문문에만 쓴다는 것에 주의하세요.

- 나 벌써 그 사과 다 먹었어.   I have already eaten the apple.
- 나 벌써 그 영화 봤어.   I have already seen the movie.

- 나 그거 막 찾았어.   I've just found it.
- 나 그거 막 끝냈어.   I've just done it.

- 나 아직 결정 못했어.   I haven't decided yet.
- 나 아직 도착 못했어.   I haven't arrived yet.

의문문은 다른 현재완료와 동일하게 만듭니다.

- 너 그 사과 다 먹었어?   Have you eaten the apple?
- 너 그 영화 봤어?   Have you seen the movie?
- 너 결정했어?   Have you decided?
- 너 도착했어?   Have you arrived?
- 너 그거 찾았어?   Have you found it?
- 너 끝냈어?   Have you done it?

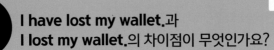

No. 60

I have lost my wallet.과
I lost my wallet.의 차이점이 무엇인가요?

현재완료(결과)

★★★★☆

I have lost my wallet.은 현재완료 결과적 용법입니다.

'결과'의 현재완료

I lost wallet.은 과거에 잃어버린 '사건'을 말하므로 현재 그것을 찾았는지 못 찾았는지 알수 없습니다. 반면 I have lost my wallet.은 과거에 잃어버렸고 현재도 잃어버린 상태임을 나타냅니다.

그래서 현재완료의 결과적 용법은 '~해 버렸어'라고 해석하는 경우가 많습니다.

- 나 지갑을 잃어버렸어.   I lost my wallet.   지갑을 찾았는지 아닌지 모름

     I have lost my wallet.   지갑을 지금까지 잃어버린 상태

결과적 용법의 추측 의미

그러므로 현재완료 결과적 용법은 문맥을 이해할 때 지금 현재 어떤 상태인지까지 추측할수가 있습니다.

- 너 머리 했구나!(=머리 예쁘다!)   You've done your hair.
- 나 그 차를 사 버렸어.(=차를 소유하고 있어.)   I've bought the car.
- 그녀는 파리로 떠나 버렸어.(=여기 없어.)   She's gone to Paris.

NO. 61

My daughter has never fully recovered. 문장은 **경험의 의미**인가요? '내 딸은 완전히 회복된 적이 없다.'라고 해석하면 되나요?

현재완료(결과)

★★★☆☆

현재완료 문장의 해석

My daughter has never fully recovered.는 never가 들어갔지만 **의미상 결과적 용법으로** 보는 것이 낫습니다. '내 딸은 완전히 회복된 적이 없다'라는 말은 다소 어색하고 '내 딸은 아직 완전히 회복된 몸이 아니다'라는 뜻으로 이해하는 것이 자연스럽기 때문입니다.

현재완료 문장의 큰 의미

이처럼 현재완료를 크게 네 가지 용법으로 나누었지만 딱 잘라 구분하지 않고, 과거의 사건이 현재까지 연결된다는 큰 틀을 가지고 가장 자연스러운 해석을 하는 것이 좋습니다.

- 그 노래 들어 본 적 있어.
  I have listened to the song.
  과거에 들어 본 경험이 지금까지 지속됨

- 나는 줄곧 서울에서 살아 왔다.
  I have lived in Seoul.
  과거부터 지금까지 계속 서울에 살고 있음

- 나 아직 결정 못했어.
  I haven't decided yet.
  결정 못한 상태가 지금까지 지속됨

- 나 그 차를 사 버렸어.
  I've bought the car.
  과거에 차를 사서 지금까지 소유하고 있음

NO. 62

I've been studying French for 5 years.는 I've studied French for 5 years.랑 어떻게 다른가요?

현재완료 진행형

★★★☆☆

현재완료 진행형

현재완료 진행형은 현재완료의 계속적 용법에 진행의 의미가 더해진 것입니다. have에 현재진행형을 합친 것이므로 'be -ing'를 p.p. 형태인 'been -ing'로 바꿔 줍니다.

현재완료 진행형: have been -ing

현재완료 진행형의 의미

현재완료 진행형은 과거부터 지금까지 지속하고 있거나 반복적으로 되풀이 되어 왔다는 의미로, '~해 오고 있는 중이다'로 해석합니다.

- 나는 이것을 5년 동안 공부해 오는 중이다.

  I **have been studying** this for 5 years.

- 그는 너를 2시간 동안 기다려 오는 중이야.

  He **has been waiting** for you for 2 hours.

- 나는 결혼한 이후로 저축을 해 오는 중이다.

  I **have been saving** money since I got married.

- 우리는 4시간째 술을 마시는 중이다.

  We **have been drinking** for 4 hours.

- 우리 엄마는 1시간 넘게 요리 중이셔.

  My mom **has been cooking** over an hour.

보통 대부분 현재완료와 현재완료 진행형을 구분 없이 써도 의미상으로 큰 무리가 없습니다. 다만 현재진행형을 만들 수 없는 동사의 경우 현재완료 진행형도 만들 수가 없습니다.

believe forget have know like love need want think

위 동사들은 현재진행형을 만들 수 없는 동사들입니다. 무조건 다 외우지 않더라도 반복해서 보다 보면 익힐 수 있습니다.

현재완료 진행형 선호 동사

반대로 현재완료 진행형이 더 자연스러운 동사도 있습니다.

- 2시간 동안 눈이 내리고 있어.   It has been snowing for two hours.
- 너 한 시간이 넘도록 만화책만 읽고 있어.   You have been reading comics over an hour.

위 문장의 경우 눈이 오거나 독서하는 것은 끊임없이 계속 일어나는 일이기 때문에 현재완료로 썼을 때 어색할 수 있습니다.

No. 63 What have you been doing?은 무슨 뜻인가요?

★★★☆☆

현재완료 진행형 의문문

위 문장은 현재완료 진행형의 의문문입니다. 해석하면 '(그동안) 뭐 하고 있었어?'라는 의미입니다.

What are you doing?이 지금 이 순간 무엇을 하고 있는지를 묻는 말이라면
What have you been doing?은 지금껏 무엇을 해 오고 있었는지를 묻는 말입니다.

현재완료 진행형 의문문의 대답

예를 들어, 아침부터 쭉 공부를 하고 있다가 지금 잠깐 휴식하느라 컴퓨터 게임을 하고 있는 상황이라면 What are you doing?에 대한 답과 What have you been doing?에 대한 답은 다릅니다.

- 너 뭐 하고 있어?   What are you doing?
  → 나 컴퓨터 게임 하는 중이야.   I'm playing a computer game.

- (그동안) 뭐 하고 있었어?   What have you been doing?
  → 나 (계속) 공부하고 있었어.   I've been studying.

PART 8

수동태

[능동태 vs. 수동태]

No.64 '편지가 쓰여졌다.'라고 말하려면 The letter wrote.라고
하나요?

No.65 He teaches me English.를 수동태로 만들 때는 주어
가 두 개가 되는 건가요?

[여러가지 수동태]

No.66 '그의 건물들이 지어지고 있다.'라는 말은 영어로 뭐라고
하나요?

No.67 수동태 현재완료도 만들 수 있나요?

'편지가 쓰여졌다.'라고 말하려면
The letter wrote.라고 하나요?

능동태 vs. 수동태

★★★★☆

능동태

능동태는 일반적인 문장의 형태로, 주어가 직접 행동을 하는 문장을 말합니다.

- 나는 그 노래를 불렀다.　　　　I **sang** the song.
- 그 남자는 피자를 배달했어.　　The man **delivered** the pizza.
- 그녀가 편지를 썼어.　　　　　She **wrote** the letter.

수동태

반대로 **수동태**는 주어가 어떤 **행동을 당하는** 경우에 이 형태를 씁니다. 수동태 문장의 주어는 사람일 수도 있고, 사물일 수도 있습니다. 형태는 be동사+p.p.(과거분사)로 나타냅니다. 우리말은 '~되다', '~해진다'라고 말합니다.

- 나는 그 노래를 불렀다. → 그 노래는 (나에 의해) 불러졌다.

  I **sang** the song. → The song **was sung** (by me).

- 그 남자는 피자를 배달했어. → 그 피자는 (그에 의해) 배달되었다.

  The man **delivered** the pizza. → The pizza **was delivered** (by him).

- 그녀가 편지를 썼어. → 편지가 (그녀에 의해) 쓰여졌다.

  She **wrote** the letter. → The letter **was written** (by her).

수동태 문장에서 행위의 주체는 by me, by him처럼 'by+주어의 목적격' 형태의 전치사구로 바꾸어 문장 뒤에 붙입니다.

주어 생략

다만 굳이 불필요하거나 주체(주어)의 확인이 어려운 경우, 또는 주체(주어)가 구체적이지 않은 경우에는 생략 가능합니다.

- 내 시계를 도둑맞았어요.　　My watch was stolen.
- 나 충격 받았어.　　I was shocked.
- 그 차가 부서졌어.　　The car was broken.

No. 65

He teaches me English.를
수동태로 만들 때는 **주어가**
두 개가 되는 건가요?

능동태 vs. 수동태

★★★☆☆

4형식 수동태

목적어가 두 개인 4형식 문장의 경우 직접목적어(English)와 간접목적어(me)를 가지고 있습니다. 두 목적어를 한꺼번에 주어로 이동시킬 수는 없으며 하나의 목적어를 주어로 씁니다.

직접목적어 주어

첫 번째로, 직접목적어가 주어로 이동하는 경우는 English가 주어가 됩니다. 이때 간접목적어는 to, for 등 적절한 전치사와 함께 동사 뒤에 위치합니다.

그는 나에게 영어를 가르쳐 준다.	He teaches me English.
영어는 (그에 의해) 나에게 가르쳐진다.	English is taught to me (by him).

간접목적어 주어

두 번째로 간접목적어가 주어가 되는 경우는 me, 즉 I가 주어가 됩니다. 이때 직접목적어는 그대로 목적어의 위치에 둡니다.

그는 나에게 영어를 가르쳐 준다.	He teaches me English.
나는 (그에 의해) 영어를 가르침 받는다.	I am taught English (by him).

어떤 목적어를 주어로 둘지는 강조하고자 하는 내용이나 문장의 자연스러움에 따라 달라질 수 있습니다. 상황에 따라 알맞게 변형하여 말해 보세요.

- 우리는 그에게 상을 주었다. → 그는 (우리로부터) 상을 받았다.
  We **gave** him a prize. → He **was given** a prize (by us). 상을 받는 '그' 강조
- 나는 그녀에게 편지를 썼다. → 편지는 (나에 의해) 그녀에게 쓰여졌다.
  I **wrote** her a letter. → A letter **was written** to her (by me). 쓰여지는 '편지' 강조
- 그는 나에게 점심을 사 줬다. → 점심은 (그로 인해) 나를 위해 구입되었다.
  He **bought** me lunch. → Lunch **was bought** for me (by him). 자연스러움 강조

수동태의 부정문과 의문문

수동태의 부정문과 의문문은 be동사의 부정문과 의문문 만드는 것과 동일합니다.

- 편지는 나에 의해 쓰여지지 않았다. The letter **wasn't written** by me.
- 그는 상을 받았나요? **Was** he **given** a prize?

No. 66 '그의 건물들이 지어지고 있다.'라는 말은 영어로 뭐라고 하나요?

★★★☆☆

수동태 진행형

이 경우 수동태 진행형을 써야 하는데, 우리말로는 '~되어지고 있다'가 됩니다.

- 능동태 진행형: carry → be carrying
- 수동태 진행형: be carried → be being carried

The carriage **is being carried** (by the horses).
마차가 (말에 의해) 끌리고 있다. (= 마차가 움직이고 있다.)

위 문장에서 마차는 '말이 끄는 차'니까 by the horses는 생략되어도 무방합니다. 지금 끌리고 있는 진행의 상황이기 때문에 be being carried를 썼습니다.

평서문

- 내 노트북이 수리되고 있다.   My laptop **is being repaired**.
- 그의 건물들이 지어지고 있다.   His buildings **are being built**.
- 그 주제는 많은 연구자들에 의해   The subject **was being studied**
  연구되고 있었다.   by many researchers.

부정문과 의문문

부정문과 의문문은 be동사의 부정문과 의문문 만드는 것과 동일합니다.

- 내 노트북이 수리되고 있지 않다.   My laptop **isn't being repaired**.
- 그의 건물들이 지어지고 있나요?   **Are** his buildings **being built**?

★★★★☆

수동태 현재완료

수동태를 현재완료로 만들 수 있습니다. 우리말은 '계속 ~되어져 왔다'라는 의미가 됩니다.

나는 이 기계를 사용해 왔다.   I have used this machine.

이 기계는 (나에게) 사용되어져 왔다.   This machine has been used (by me).

주어가 3인칭 단수일 경우 have는 has로 바꾸어 사용합니다.

평서문

- 많은 자전거들이 그에 의해 고쳐졌어요.   Many bikes **have been fixed** by him.
- 그 콘서트는 취소되었어.   The concert **has been canceled.**
- 영어는 캐나다에서 사용되어져 왔어.   English **has been spoken** in Canada.
- 그녀는 오랫동안 사랑받아 왔어.   She **has been loved** for a long time.

부정문과 의문문

현재완료 수동태의 부정문과 의문문은 현재완료를 만드는 법과 동일합니다.

- 그 자전거는 그에 의해 고쳐지지 않았어.   The bike **hasn't been fixed** by him.
- 그 콘서트는 취소되지 않았어.   The concert **hasn't been canceled.**
- 영어는 캐나다에서 사용되어져 왔나요?   **Has** English **been spoken** in Canada?
- 그녀는 오랫동안 사랑받아 왔니?   **Has** she **been loved** for a long time?

PART 9

-ing(동명사)와
to부정사

[동명사]

No.68 '영어 공부하는 건 어려워요.'라고 할 때 동사는 '공부하다'인가요 '어려워'인가요?

No.69 I am playing soccer. 문장의 playing과 I enjoy playing soccer.의 playing은 같나요?

[to부정사 명사적 용법]

No.70 명사 자리에 동사를 넣고 싶으면 동명사만 쓸 수 있나요?

No.71 It is fun to sing.에서 to sing은 목적어인가요?

No.72 I hope to see you.에서는 가주어가 없는 문장인가요?

No.73 I hope to see you soon.은 I hope seeing you soon.으로 바꿔도 되나요?

[to부정사 형용사적 용법]

No.74 I read a book.과 I have a book to read.은 어떻게 다른가요?

No.75 I have a chair to sit on.에서 on은 왜 붙은 건가요?

[to부정사 부사적 용법]

No.76 He went to the U.S. to study English.는 '그는 영어를 공부할 미국에 갔다.'인가요? 뜻이 어색한 것 같아요.

★★★★☆

주어 자리에는 사람이나 사물뿐만 아니라 어떤 행위(동사)가 올 수도 있습니다. 공부하다, 일어나다, 걷다 등의 행위(동사)가 주어 자리에 오려면 형태를 명사처럼 바꾸어야 합니다.

동명사란?

동사를 명사처럼 바꾼 것을 바로 동명사라고 합니다. 동명사는 동사에 –ing를 붙인 형태이고, 뜻은 '~하는 것'입니다. 동사에 –ing를 붙이는 규칙은 다음 표를 참고하세요.

분류		동명사(-ing)
일반동사	sleep 자다	sleeping 자는 것
e로 끝나는 동사	live 살다	living 사는 것
y로 끝나는 동사	play 연주하다	playing 연주하는 것
단모음+단자음 동사	cut 자르다	cutting 자르는 것

동명사의 위치

동명사는 주어나 목적어 자리에 모두 쓸 수 있습니다. 또한 동명사에는 목적어를 추가할 수도 있습니다.

- 공부하는 것은 어려워요.
- 영어를 공부하는 건 어려워요.
- 요리하는 것이 내 직업이에요.
- 그 수업을 듣는 것은 지루해.
- 아침을 먹는 것은 중요해.

Studying is difficult.
Studying English is difficult.
Cooking is my job.
Taking the class is boring.
Having breakfast is important.

No. 69 I am playing soccer. 문장의 playing과
I enjoy playing soccer.의 playing은 같나요?
두 번째 문장에는 왜 be동사가 없는 거죠?

동명사

★★★☆☆

I am playing soccer.에서 playing은 현재진행형입니다. 하지만 I enjoy playing soccer.에서 playing은 동명사이므로 형태는 같더라도 의미와 역할이 다릅니다.

동명사를 목적어로 쓰는 동사

I enjoy playing soccer.의 playing은 한 문장에 동사 두 개가 함께 올 수 없으므로 play의 형태를 변형한 것입니다. 이렇게 목적어로 동명사(-ing)만 사용하는 동사들이 있습니다.

enjoy 즐기다	mind 꺼려하다
admit 인정하다	avoid 피하다
deny 부인하다	imagine 상상하다
delay 연기하다	finish 끝내다
postpone 미루다	quit 그만두다

- 나는 축구하는 것을 즐긴다.   I enjoy playing soccer.
- 문을 열어도 괜찮을까요(꺼려지시나요)?   Do you mind opening the door?
- 그는 그녀와 결혼하는 것을 상상했다.   He imagined getting married to her.
- 그는 담배 피우는 것을 그만뒀다.   He quit smoking.

No. 70

명사 자리에 동사를 넣고
싶으면 **동명사만 쓸 수 있나요?**

to부정사 명사적 용법

★★★★☆

to부정사

앞서 주어나 목적어 자리에 동사를 넣고 싶을 때 –ing 형태인 동명사로 바꾸어 쓸 수 있다고 했습니다. 그 외에 한 가지 방법이 더 있는데, to부정사라는 형태가 있습니다.

to부정사 → to + 동사

to부정사의 명사적 용법

to부정사는 여러 가지 역할을 하는데, 주어나 목적어의 위치에 올 때는 '명사'의 역할을 합니다. '~하는 것', '~하기'라는 뜻입니다.

- **to** sing 　　　　　　　　 노래하는 것
- **to** study English 　　　　 영어 공부하는 것
- **to** exercise every day 　　 매일 운동하는 것
- **to** have breakfast 　　　　 아침 먹는 것

to부정사 주어

to부정사를 주어 위치에 놓고 문장을 만들 수 있습니다.

- 노래하는 건 재밌어요. 　　　　 **To sing** is fun.
- 영어 공부하는 것은 어려워요. 　 **To study** English is difficult.
- 매일 운동하는 건 좋아. 　　　　 **To exercise** every day is good.
- 아침 먹는 건 중요해. 　　　　　 **To have** breakfast is important.

It is fun to sing.에서 to sing은 목적어인가요?

★★★☆☆

It is fun to sing.은 To sing is fun.과 같은 문장입니다. 영어는 기본적으로 주어가 긴 것을 좋아하지 않는 언어입니다. 그래서 to부정사가 주어로 올 때는 문장 뒤로 옮깁니다.

가주어와 진주어

이때 주어의 자리에는 It을 쓰는데, 이것을 '가주어(가짜주어)'라고 부릅니다. 그리고 뒤로 이동시킨 to부정사를 '진주어(진짜주어)'라고 부릅니다.

<u>To study</u> English is difficult. → <u>It</u> is difficult <u>to study</u> English.
      가주어   진주어

의미 변화

이때 문장의 의미는 변하지 않습니다. 가주어와 진주어를 사용하는 문장이 훨씬 더 자연스럽고 많이 쓰이니 잘 익혀 두기 바랍니다.

- 노래하는 건 재밌어요.   It is fun to sing.
- 영어 공부하는 것은 어려워요.   It is difficult to study English.
- 매일 운동하는 건 좋아.   It is good to exercise every day.
- 아침 먹는 건 중요해.   It is important to have breakfast.

No. 72 I hope to see you.에서는 가주어가 없는 문장인가요?

★★★☆☆

to부정사 목적어

이 문장은 **to see you**를 목적어로 쓴 것입니다. 그러므로 I hope to see you.에서 to see you는 '~하는 것을', '~하기를'이라는 목적어로 생각하면 됩니다.

위치	의미
to부정사 주어 위치	~ 하는 것은 ~ 하기는
to부정사 목적어 위치	~ 하는 것을 ~ 하기를

- 나는 노래 부르는 것을 좋아해요.   I like **to sing**.
- 널 만나기를 바라고 있어.   I hope **to see** you.
- 나는 집에 가고 싶어.   I want **to go** home.
- 나는 일을 그만두기로 결정했어.   I decided **to quit** the job.

NO. 73

I hope to see you soon.은
I hope seeing you soon.으로
바꿔도 되나요?

to부정사 명사적 용법

★★★★☆

목적어에 to부정사를 쓸지 동명사를 쓸지는 문장 내의 동사에 의해 결정됩니다. 동사에 따라 둘 다 쓸 수 있는 경우도 있고, 하나만 쓸 수 있는 경우도 있습니다.

각각 해당하는 동사가 많기 때문에 한 번에 다 외우려 하지 말고 많은 문장을 접하면서 익히는 것이 좋습니다.

to부정사&동명사 목적어

먼저 to부정사와 동명사를 모두 쓸 수 있는 동사를 알아보겠습니다. 다음의 동사들은 외워두는 것이 좋습니다.

> love(사랑하다) / like(좋아하다) / hate(싫어하다) / start(시작하다) /
> prefer(선호하다) / begin(시작하다) / continue(계속하다) …

- 난 쇼핑하는 거 너무 좋아해.　　I love to go shopping.
　　　　　　　　　　　　　　　= I love going shopping.
- 나 운동하기 시작할 거야.　　　I will begin to exercise.
　　　　　　　　　　　　　　　= I will begin exercising.

to부정사만을 목적어로 쓸 수 있는 동사는 다음과 같습니다. 이 동사는 비교적 한정되어 있으므로 아래의 동사들은 꼭 기억하도록 하세요.

> **hope, wish**(바라다) **/ want**(원하다) **/ decide**(결정하다) **/ expect**(기대하다) **/**
> **refuse**(거절하다) **/ plan**(계획하다) **/ promise**(약속하다) ···

- 널 만나기를 바라고 있어.   I hope to see you.
- 나는 집에 가고 싶어.   I want to go home.

동명사 목적어

동명사만을 목적어로 쓸 수 있는 동사는 다음과 같습니다. 이 동사 또한 한정되어 있으므로 아래의 동사들은 꼭 기억하세요.

> **enjoy**(즐기다) **/ keep**(계속하다) **/ finish**(끝내다) **/**
> **give up**(포기하다) **/ mind**(꺼리다) **/ avoid**(피하다) ···

- 난 컴퓨터 게임하는 걸 즐겨.   I enjoy playing the computer game.
- 난 그녀와 대화하는 걸 피해.   I avoid talking to her.

목적어에 따라 의미가 달라지는 동사

마지막으로 동명사와 to부정사를 모두 목적어로 쓰지만, 형태에 따라 의미가 달라지는 동사에 대해 알아보겠습니다.

동사	동명사	to부정사
remember (기억하다)	remember -ing ~한 것을 기억하다	remember to ~ ~할 것을 기억하다

stop (멈추다)	stop -ing ~하던 것을 멈추다	stop to ~ ~하기 위해 멈추다
regret (후회하다)	regret -ing ~한 것을 후회하다	regret to ~ ~하게 되어 유감이다
forget (잊어버리다)	forget -ing ~한 것을 잊어버리다	forget to ~ ~할 것을 잊어버리다
try (노력하다)	try -ing 시험 삼아 ~해보다	try to ~ ~하려고 노력하다

- 난 그녀와 대화하기 위해 멈췄어.   I stopped to talk to her.
- 난 그녀와 대화하는 걸 멈췄어.   I stopped talking to her.

- 난 그를 만나는 것을 잊었어.   I forgot to meet him.
- 난 그를 만났던 것을 잊었어.   I forgot meeting him.

No. 74

I read a book.과
I have a book to read.은 어떻게 다른가요?

to부정사 형용사적 용법

★★★★☆

I read a book.은 '나는 책을 읽는다.'입니다. 이 문장의 read a book(책을 읽다)을 a book to read로 만들어 주면 '읽을 책'이라는 의미가 됩니다. 그래서 I have a book to read.는 '나는 읽을 책을 가지고 있다.'라는 의미입니다.

to부정사 형용사적 용법

앞서 to부정사(to+동사)는 명사 역할로서 주어와 목적어에 위치할 수 있다고 했습니다. 그런데 이 to부정사가 명사 뒤에 위치하면 명사를 꾸미는 '형용사' 역할을 할 수 있습니다.

이때 우리말 뜻은 '~할'이라는 의미입니다. 명사 뒤에 to부정사를 붙이면 '~할 명사'로 해석하면 됩니다.

- 읽을 책   a book to read
- 만들 드레스   a dress to make
- 판매할 차   a car to sell
- 마실 물   water to drink

to부정사가 명사적 용법인지 형용사적 용법인지 구분하려면 to부정사 앞의 명사 유무를 반드시 확인해야 합니다.

- 난 읽을 책이 있어.   I have **a book** to read.
- 난 만들 드레스가 없어.   I don't have **a dress** to make.
- 판매할 차가 많아요.   There are many **cars** to sell.
- 그녀는 마실 물이 필요해요. She needs **water** to drink.

여기서 명사를 구체적으로 쓰지 않고 something, nothing, anything으로 쓰면 '~것'이라는 표현을 할 수 있습니다.

something은 평서문에서 쓰고, anything은 의문문과 부정문에서 씁니다. nothing은 부정의 의미일 때 not+anything 대신 씁니다.

- 난 읽을 것이 있어.   I have **something** to read.
- 난 만들 것이 없어.   I have **nothing** to make.

                               = I don't have **anything** to make.

- 판매할 것이 있나요?   Is there **anything** to sell?
- 그녀는 마실 것이 필요해요. She needs **something** to drink.

No. 75 I have a chair to sit on.에서 on은 왜 붙은 건가요?

★★☆☆☆

'의자에 앉다'는 sit on a chair입니다. 여기서 '앉다'라는 표현은 on까지 합쳐 sit on입니다. 그러므로 '앉을 의자'라는 표현을 만들 때 to부정사는 to sit on으로 세트처럼 씁니다.

to부정사+전치사

전치사가 함께 있어야 문장을 만들 수 있는 자동사의 경우 형용사적 용법을 만들 때 반드시 전치사를 함께 쓴다는 것에 주의하세요.

- 의자에 앉다 sit on a chair → 앉을 의자 a chair to sit on
- 집에 살다 live in a house → 거주할 집 a house to live in
- 많은 것들을 얘기하다 talk about many things
  → 얘기할 많은 것들 many things to talk about
- 펜으로 쓰다 write with a pen → 쓸 펜 a pen to write with

위 표현들로 문장을 만들면 문장 끝에는 전치사가 남게 됩니다.

- 난 앉을 의자가 있다.   I have a chair to sit on.
- 그는 거주할 집을 살 것이다.   He will buy a house to live in.
- 우리는 얘기할 거리가 많았어.   We had many things to talk about.
- 그녀는 쓸 펜을 안 가져왔어.   She didn't bring a pen to write with.

No. 76

He went to the U.S. to study English.는 '그는 영어를 공부할 미국에 갔다.' 인가요? 뜻이 어색한 것 같아요.

to부정사 부사적 용법

★★★☆☆

위 문장에서 to study English는 the U.S.를 꾸며주는 형용사가 아니라 went의 의미를 부가해 주는 부사로 쓰였습니다. 그래서 '그는 영어를 공부하기 위해 미국에 갔다.'라는 문장이 됩니다.

to부정사 부사적 용법

to부정사는 명사, 형용사의 역할뿐 아니라 부사의 역할도 합니다. 부사는 처음에 배웠듯이 동사나 형용사, 문장 전체 등을 꾸며 주는 요소입니다. to부정사의 부사 역할은 크게 네 가지 정도로 볼 수 있습니다.

목적의 의미

He went to the U.S. to study English.에서의 to부정사는 목적을 나타냅니다. 동사 go, 즉 가는 목적이 '공부하기 위해'라는 말입니다. 이때 to부정사는 '~하려고', '~하기 위해'라고 해석합니다.

- 난 인사하려고 전화했어.　　　　　I called to say hello.
- 이 책을 너에게 주려고 가져왔다.　　I brought this book to give you.
- 난 커피 마시려고 카페에 가고 있어.　I'm going to the café to drink coffee.
- 그녀가 날 보기 위해 집에 오고 있어.　She is coming home to see me.

원인의 의미

to부정사의 부사적 용법의 두 번째 의미는 원인입니다. 주로 감정을 나타내는 표현과 함께 쓰입니다. '~해서', '~하다니'라는 의미입니다. 어떤 감정이 들게 된 원인을 to부정사로 표현해 줄 수 있습니다.

129

- 널 만나서 반가워.   (It's) Nice to meet you.
- 난 너를 도와서 행복해.   I'm happy to help you.
- 난 그녀와 헤어지고 슬펐어.   I was sad to break up with her.
- 그녀는 그 파티에 가서 행복했어.   She was happy to go to the party.

결과의 의미

to부정사의 부사적 용법의 세 번째 의미는 결과입니다. to부정사 앞의 동사와 함께 '~해서 …하다'라고 해석합니다.

- 그는 자라서 의사가 되었다.   He grew up to be a doctor.

이 경우 문장의 동사인 grew up(자랐다)과 함께 '자라서 의사가 되었다'라고 해석합니다.

형용사 수식

to부정사의 부사적 용법의 네 번째 의미는 형용사 수식입니다. 이 경우는 to부정사가 반드시 형용사의 뒤에 위치하여 '~하기에 …한'이라는 의미로 쓰입니다.

- 그는 만나기가 힘들어.   He is hard to meet.
- 이 책은 읽기 어려워.   This book is difficult to read.
- 그 빌딩은 찾기 쉬워.   The building is easy to find.
- 그 게임은 하기에 재미있어.   The game is fun to play.

이처럼 to부정사가 부사로 쓰이는 경우는 매우 많습니다. 명사적 용법으로 주어, 목적어 자리에 위치하거나, 명사를 수식하는 형용사적 용법을 제외한 나머지는 모두 부사적 용법으로 볼 수 있습니다. to부정사 부사적 용법의 의미는 문맥에 따라 자연스럽게 해석합니다.

PART 10

|

관계사

[관계대명사]

No.77 I know the guy who is a good soccer player. 문장에서 who는 '누구' 아닌가요?

No.78 Did you see the girl who I met yesterday?에서 I를 왜 생략하지 않은 건가요?

No.79 '다리가 불편하신 할머니를 도와드렸다.'라는 문장은 어떻게 쓰나요?

No.80 선행사가 사물일 때 소유격 관계대명사는 thats라고 쓰나요?

No.81 I know what you mean.에서 what도 관계대명사인가요? what은 언제 쓰나요?

[관계부사]

No.82 I am curious where you want to go.에서 go 뒤에 장소는 왜 안 쓰나요?

[관계사 문장의 콤마 사용]

No.83 She has two sons, who live in America.랑 She has two sons who live in America. 문장의 뜻이 다르다고 하는데 어떻게 다른가요?

No.84 Jessica passed the exam, which surprised me.에서 which는 제시카인가요? 시험인가요?

No. 77

관계대명사

I know the guy who is a good soccer player. 문장에서 **who**는 '**누구**' 아닌가요?

★★★★☆

위 문장은 '나는 훌륭한 축구 선수인 그 남자를 안다.'라는 의미입니다. 여기서 '누구'라는 뜻은 나오지 않습니다. 위 문장에서 who는 의문사 who가 아닌 관계대명사입니다.

관계대명사

관계대명사는 대명사와 접속사 역할을 동시에 하는 것이라고 생각하시면 됩니다. 원래 두 문장이었던 것을 한 문장으로 합치는 데 씁니다.

> 나는 그 남자를 안다.   I know the guy.
>
> +
>
> 그는 훌륭한 축구 선수이다.   He is a good soccer player.

사람 선행사

위 문장에서 the guy와 he는 동일한 인물입니다. 그래서 이 둘을 한 문장으로 합칠 때는 대명사인 He를 생략하고 that 또는 who을 넣어 줍니다.

> that/who
> I know the guy ⌒ He is a good soccer player.

이때 that과 who는 동일한 역할인데, 앞의 명사(선행사)가 사람인 경우 who를 더 많이 씁니다.

반면 선행사가 사물인 경우에는 that과 which를 씁니다. 선행사가 사물일 때는 which보다 that을 더 자주 씁니다.

나는 그 케이크를 좋아한다.　　　　I like the cake.

　　　　　　+

그것은 맛이 달콤하다.　　　　It tastes sweet.

　　　　　　=

　　　　　　　　　　that/which

나는 맛이 달콤한 그 케이크를 좋아한다.　I like the cake ╲ It tastes sweet.

주격 관계대명사

위 두 문장에서 관계대명사는 두 번째 문장의 주어인 He와 It을 대신했습니다. 이처럼 주어를 대신하는 관계대명사를 '주격 관계대명사'라고 부릅니다.

	사람 선행사	사물 선행사
주격 관계대명사	that/who	that/which

- 나는 검정 머리의 그 여자를 좋아해.

  I like the woman **that/who** has black hair.

- 나 너를 좋아하는 그 남자를 만났어.

  I met the man **that/who** likes you.

- 우리는 영어를 할 줄 아는 학생을 원합니다.

  We want the student **that/who** can speak English.

- 나는 빨간색의 셔츠를 원해.

  I want a shirt **that/which** is red.

- 그는 진한 커피를 좋아해.

  He likes coffee **that/which** is strong.

- 그녀는 설탕을 넣지 않은 차를 마셔요.

  She drinks tea **that/which** doesn't have sugar.

No. 78 Did you see the girl who I met yesterday?에서 I를 왜 생략하지 않은 건가요?

★★★★☆

위 문장을 우리말로 하면 '내가 어제 만난 그 소녀를 봤니?'입니다. 이것을 원래의 두 문장으로 나누어 보겠습니다.

너 그 소녀 봤어?	Did you see the girl?
+	
난 어제 그녀를 만났다.	I met her yesterday.

목적격 관계대명사

여기서는 the girl과 her, 즉 선행사와 목적어가 동일합니다. 이 두 문장을 한 문장으로 만들 때는 뒷문장의 목적어를 삭제하고 관계대명사를 삽입합니다. 이때 주어는 관계대명사와 상관없는 것이므로 그대로 둡니다. 이 관계대명사를 '목적격 관계대명사'라고 부릅니다.

that/who(m)

Did you see the girl ⌣ I met ~~her~~ yesterday?

목적격 관계대명사의 형태

원칙적으로 선행사가 사람인 경우 목적격 관계대명사는 whom을 씁니다. 그러나 실제로 영어를 할 때는 whom보다 who를 더 많이 씁니다. 선행사가 사물인 경우는 which/that을 씁니다.

주격 관계대명사와 마찬가지로 선행사가 사람일 때는 who를, 사물일 때는 that을 더 많이 씁니다.

목적격 관계대명사의 특징은 생략이 가능하다는 것입니다. 생략을 하더라도 선행사와 주어가 분명히 구분되기 때문에 문장의 흐름상 혼동의 여지가 없습니다. 주격 관계대명사는 생략이 불가능하니 주의하세요.

내가 어제 만난 그 소녀를 봤니?

Did you see the girl whom I met yesterday?

= Did you see the girl who I met yesterday?

= Did you see the girl I met yesterday?

선행사가 사람인지 사물인지를 잘 구분하여 사용하세요.

- 그녀는 내가 존경하는 선생님이야.　She is the teacher (that/who) I admire.
- 그는 그가 사랑하는 여자를 만났어.　He met the woman (that/who) he loves.
- 그는 내가 기억하는 그 사람이야.　He is the person (that/who) I remember.

- 나는 어제 산 신발을 신었어.　I put on the shoes (that/which) I bought yesterday.
- 나는 내가 필요했던 노트북을 샀어.　I bought a laptop (that/which) I needed.
- 내가 지난주에 보낸 편지 읽었니?　Did you read the letter (that/which) I sent last week?

No. 79 '**다리가 불편하신 할머니를 도와드렸다.**'라는 문장은 어떻게 쓰나요?

★★☆☆☆

우선 위 문장을 두 문장으로 나누면 다음과 같습니다.

나는 할머니를 도와드렸다.	I helped an old woman.
+	
그녀의 다리는 불편했다.	Her legs are weak.

소유격 관계대명사

여기서 an old woman과 Her은 동일한 사람이므로 그에 맞는 관계대명사로 문장을 연결하면 됩니다. 여기서 Her은 주어나 목적어가 아닌 소유격입니다. 그래서 이 관계대명사를 '소유격 관계대명사'라고 하고, whose로 씁니다.

whose

I helped an old woman ~~Her~~ legs are weak.

소유격 뒤 명사 생략 불가

소유격을 생략할 때는 소유격 뒤의 명사는 생략하면 안 됩니다.

- 나는 머리가 붉은색인 친구가 있다.　I have a friend **whose** hair is red.
- 나는 오늘 생일인 사람을 안다.　I know a person **whose** birthday is today.
- 눈이 예쁜 그녀는 내 여자친구다.　She is my girlfriend **whose** eyes are beautiful.
- (그녀의) 개가 죽은 소녀가 울고 있다.　The girl **whose** dog died is crying.

NO. 80 선행사가 사물일 때 소유격 관계대명사는 thats라고 쓰나요?

★★★☆☆

소유격 관계대명사 통일

소유격 관계대명사는 다른 관계대명사와 달리 선행사가 사람이든 사물이든 상관없이 whose로 통일합니다.

- 그는 손잡이가 파란색인 문을 열었다. He opened the door **whose** handle is blue.
- 나는 색이 빨간색인 차가 있다.　　 I have a car **whose** color is red.
- 그녀는 표지가 노란색인 책을 샀다.　 She bought a book **whose** cover is yellow.

관계대명사 정리

주격/목적격/소유격 관계대명사를 정리하면 다음과 같습니다.

관계대명사	사람 선행사	사물 선행사
주격	that/who	that/which
목적격	that/who(m)	that/which
소유격	whose	whose

No. 81

I know what you mean.에서
what도 관계대명사인가요?
what은 언제 쓰나요?

★★★★☆

관계대명사 what

what 또한 관계대명사인데 지금까지 배워 온 관계대명사와는 조금 다른 특징이 있습니다.
아래 문장은 목적격 관계대명사 that을 사용한 문장입니다.

네가 말한 것이 무슨 말인지 안다.(네가 의미하는 게 무엇인지 안다.)
I know <u>the thing</u> that you mean.

the thing that = what

여기서 선행사와 관계대명사를 합쳐서 the thing that을 what으로 교체할 수 있습니다.

네가 말한 것이 무슨 말인지 안다.(네가 의미하는 게 무엇인지 안다.)
I know <u>the thing</u> that you mean. → I know what you mean.

선행사의 조건

what은 선행사를 구체적으로 묘사하기 어려운 문장에서 주로 활용합니다. 선행사는 '~한
것'이라고 애매하게 해석됩니다.

- 내가 들은 것이 뭔지 모르겠어.
  I don't know **what** I heard.
  = I don't know **the thing that** I heard.

- 너 내가 보는 거 보고 있어?
  Do you see **what** I see?
  = Do you see **the thing that** I see?

- 네가 말한 것 이해했어.
  I understood **what** you said.
  = I understood **the thing that** you said.

I am curious where you want to go.에서
go 뒤에 장소는 왜 안 쓰나요?

관계부사

★★★☆☆

관계대명사와 관계부사

이 문장에서 where은 관계대명사가 아니라 관계부사입니다. 이 둘의 차이는 관계대명사 뒤에는 불완전한 문장이 오고, 관계부사 뒤에는 완전한 문장이 온다는 것입니다.

- 난 네가 무엇이 되고 싶은지 궁금해. I am curious about **what** you want to be.

  불완전한 문장

- 네가 어디에 가고 싶은지 궁금해.   I am curious **where** you want to go.

  완전한 문장

첫 번째 예문의 뒷문장은 you want to be인데, be동사 뒤에 꼭 필요한 요소인 보어(명사/형용사/전치사+명사)가 없습니다. 즉, 불완전한 문장이죠.

반면 두 번째 예문의 뒷문장은 you want to go(너는 가고 싶다)입니다. go는 목적어가 없어도 되는 자동사이므로 이 문장은 완전한 문장입니다.

관계부사의 종류

관계부사의 종류는 다음과 같습니다.

부사의 성격	관계부사	선행사 생략
장소(the place)	where	the place일 때 관계부사와 선행사 둘 중 하나 생략 가능
시간(the time)	when	시간 선행사와 관계부사 둘 중 하나 생략 가능
이유(the reason)	why	the reason일 때 관계부사와 선행사 둘 중 하나 생략 가능

방법(the way)	how	the way일 때 관계부사와 선행사 둘 중 하나 반드시 생략

the place, the time, the reason, the way처럼 일반적인 선행사가 올 경우 관계부사와
선행사 둘 중 하나를 생략할 수 있습니다. 단, the way와 how는 반드시 하나가 생략되
고 하나만 남아야 맞는 문장임을 주의하세요.

내가 어디 묵는지 아니?
Do you know the place where I stay?
= Do you know where I stay? (선행사 생략)
= Do you know the place I stay? (관계부사 생략)

나는 네가 노래하는 방식이 좋아.
I like the way how you sing. (X)
I like how you sing. (선행사 생략)
= I like the way you sing. (관계부사 생략)

이처럼 관계부사는 다양한 방식으로 문장에 활용할 수 있습니다.

- 이곳이 내가 태어난 장소이다.   This is the place where I was born.
  = This is where I was born.
  = This is the place I was born.

- 나는 너를 처음 만난 그 날을 기억한다. I remember the day when I first met you.
  = I remember when I first met you.
  = I remember the day I first met you.

- 그게 내가 너를 떠난 이유야.   It is the reason why I left you.
  = It is why I left you.
  = It is the reason I left you.

- 프랑스어를 말하는 법을 알려 줄게. I'll tell you how you speak French.
  = I'll tell you the way you speak French.

No. 83

She has two sons, who live in America.랑 She has two sons who live in America. 문장의 뜻이 다르다고 하는데 어떻게 다른가요?

관계사 문장의 콤마 사용

★★★☆☆

관계대명사가 쓰이는 문장에는 콤마(,)의 유무에 따라 그 의미가 달라집니다.

콤마(,)가 있을 때

> 그녀는 두 아들이 있는데, (그 두 아들은) 미국에 살아요.
> She has two sons, who live in America.

이 문장의 정확한 의미는 그녀에게 아들이 두 명 있는데, 둘 다 미국에 산다는 뜻입니다. 콤마(,)로 인해 who가 선행사를 한정시키게 되었습니다.

콤마(,)가 없을 때

> 그녀는 미국에 사는 아들이 두 명 있어요.
> She has two sons who live in America.

이 문장은 그녀에게 아들이 몇 명 있는진 모르지만 미국에 사는 아들이 둘 있다는 뜻입니다.

콤마 사용 시 주의할 점

관계대명사가 콤마(,)와 함께 쓰일 때는 that으로 바꿀 수 없다는 것이 특징입니다. 주의하여 사용하세요.

> 그녀는 두 아들이 있는데, 미국에 살아요.
> She has two sons, that live in America. (X)

> 그녀는 미국에 사는 아들이 두 명 있어요.
> She has two sons that live in America. (O)

Jessica passed the exam, which surprised me.에서 which는 제시카인가요? 시험인가요?

★★★☆☆

콤마(,) 뒤의 관계대명사

위 문장에서 which는 콤마(,) 앞에 나온 전체 문장을 설명하고 있습니다. 즉, '제시카가 시험에 통과했다는 것이 나를 놀라게 했다.'라는 의미가 됩니다.

이처럼 관계대명사가 앞의 전체 문장을 받을 때는 반드시 콤마(,)가 필요합니다.

콤마에 따른 의미 변화

콤마가 없으면 which는 the exam을 설명하게 됩니다. '제시카는 나를 놀라게 한 그 시험을 통과했다.'라고 의미가 완전히 달라집니다.

제시카가 시험에 통과했다는 것이 나를 놀라게 했다.
Jessica passed the exam, which surprised me.

제시카는 나를 놀라게 한 그 시험을 통과했다.
Jessica passed the exam which surprised me.

PART 11

|

-ing(현재분사)와
p.p.(과거분사)

[현재분사(-ing)]

No.85 a sleeping baby에서 sleeping은 '자는 것'이라는 뜻
인가요?

No.86 The cat sleeping next to me is my friend's.에서
sleeping 앞에 is가 있어야 하지 않나요?

[과거분사(p.p.)]

No.87 할인 가격은 왜 discounting price가 아니라
discounted price인가요?

No.88 made in Korea는 어떻게 나온 표현인가요?

★★★☆☆

현재분사란?

sleeping은 동사 sleep에 ing를 붙인 것으로, '현재분사'라고 부릅니다. ing를 붙이는 규칙은 동명사와 동일합니다. 형태는 같지만 동명사는 명사의 역할을 하는 반면, 현재분사는 형용사처럼 쓰입니다.

현재분사의 역할

현재분사는 '~하고 있는', '~하는'이라는 의미로 해석하고, 진행형을 만들거나 명사 앞뒤에서 꾸미는 역할을 합니다.

능동의 현재분사

그래서 a sleeping baby는 '자고 있는 아기'가 됩니다. 현재분사는 능동의 의미로 쓰입니다. 아기가 잠을 재워지는 것이 아니라 스스로 잠이 드는 것이기 때문입니다.

명사 앞 현재분사

- 자고 있는 아기   a sleeping baby
- 짖는 개   a barking dog
- 재미있는 책   an interesting book
- 흥미로운 행사   an exciting event

be동사 보어 현재분사

- 아기가 자고 있다.   A baby is sleeping.
- 개가 짖고 있다.   A dog is barking.
- 책이 재미있다.   A book is interesting.
- 행사가 흥미롭다.   An event is exciting.

The cat sleeping next to me is my friend's.에서 sleeping 앞에 is가 있어야 하지 않나요?

현재분사(-ing)

★★★★☆

명사 수식 현재분사

위 문장에서 sleeping은 현재분사로, cat을 수식하고 있습니다. 정확하게 다 풀어 쓰면 The cat which is sleeping next to me is my friend's.인데 which is가 생략된 것입니다.

내 옆에서 자고 있는 고양이는 내 친구의 것이다.
The cat which is sleeping next to me is my friend's.
= The cat ~~which is~~ sleeping next to me is my friend's.

관계대명사+be동사 생략

주격 관계대명사의 경우 '관계대명사+be동사'를 생략할 수 있습니다. 그래서 which is가 생략되고 현재분사(sleeping)만 남았습니다.

- 영어로 말하고 있는 남자는 영어 선생님이다.

  The man who is speaking English is an English teacher.

  = The man speaking English is an English teacher.

- 우리 엄마는 회색 코트 입은 여자 옆에 계셔.

  My mother is next to the lady who is wearing a grey coat.

  = My mother is next to the lady wearing a grey coat.

- 저기 울고 있는 여자는 내 친구야.

  The woman who is crying over there is my friend.

  = The woman crying over there is my friend.

No. 87 할인 가격은 왜 discounting price가 아니라 **discounted price**인가요?

과거분사(p.p.)

★★★★☆

과거분사란?

동사에 ed를 붙인 형태를 '과거분사'라고 부릅니다. (*불규칙동사는 형태가 다르기도 합니다.)
discount를 discounted로 바꾸면 '할인된'이라는 의미의 과거분사 형태가 됩니다.

수동의 과거분사

현재분사와 과거분사 모두 **형용사처럼 쓸 수 있는데**, 현재분사는 '능동'일 때 쓰고, 과거분사는 '수동'일 때 씁니다. 가격은 스스로 할인을 '하는' 게 아니라 사람으로부터 할인이 '되는' 것이기 때문에 수동 의미인 과거분사가 적절합니다.

명사 앞 과거분사

- 할인(된) 가격   a **discounted** price
- 상세한(상세화된) 정보   **detailed** information
- 발전된 기술   **advanced** technology

be동사 보어 과거분사

- 가격이 할인되었다.   A price is **discounted**.
- 정보가 상세화되었다.   Information is **detailed**.
- 기술이 발전되었다.   Technology is **advanced**.

능동과 수동의 개념이 우리말과 딱 떨어지지 않는 경우도 많습니다. 문장들을 많이 접하다 보면 자연스럽게 구분하여 사용할 수 있습니다.

made in Korea는
어떻게 나온 표현인가요?

과거분사(p.p.)

★★★☆☆

made = 과거분사

일상에서 흔히 made in China, made in Korea 등 원산지를 표시하는 문구를 보게 되는데, 이는 **과거분사** 형태입니다. '만들어진'이라는 의미죠.

- 이 제품은 한국에서 만들어진 것이다.　This product was **made** in Korea.

관계대명사+be동사 생략

현재분사와 마찬가지로 주격 관계대명사가 있는 문장의 경우 '관계대명사+be동사'를 생략할 수 있습니다.

- 나는 한국산 자동차를 샀다.

  I bought a car **which was made** in Korea.

  = I bought a car **made** in Korea.

- 이탈리아에서 생산된 신발 있나요?

  Are there any shoes **which were made** in Italy?

  = Are there any shoes **made** in Italy?

- 그것은 회의에서 논의된 문제입니다.

  It is the problem **which was discussed** at the meeting.

  = It is the problem **discussed** at the meeting.

- 우리는 파티에 초대된 손님들이에요.

  We are the guests **who are invited** to the party.

  = We are the guests **invited** to the party.

PART 12

문장을 길게
만드는
다양한 방법

[등위접속사]

No.89 He goes to Paris and takes the train.에서 goes는
알겠는데 takes는 왜 take가 아닌가요?

[종속접속사]

No.90 while이 무슨 뜻이죠?
No.91 because, since, as는 모두 '~때문에'라는 뜻이 있다는
데요, 각각 언제 쓰나요?
No.92 종속접속사라는 게 뭔가요?

[명사절 접속사]

No.93 that이 접속사도 되나요?
No.94 if는 '~이라면'이라는 의미라고 했는데, I don't know if
he will come. 뜻은 왜 '그가 올지 모르겠다.'인가요?

No. 89

He goes to Paris and takes the train. 에서 He가 3인칭 단수니까 goes는 알겠는데 **takes는 왜 take가 아닌가요?**

등위접속사

★★★☆☆

and 연결

결론부터 얘기하자면 go와 take 둘 다 주어가 He이기 때문입니다. 위 문장은 두 문장이 and로 연결된 문장으로, 주어가 동일하기 때문에 주어를 생략한 형태입니다.

> 그는 파리에 간다. 그리고 그는 기차를 탄다.
> He goes to Paris. And he takes the train.
> ||
> 그는 파리로 가서 열차를 탄다.
> He goes to Paris and (he) takes the train.

등위접속사

이렇게 **동등한 것을 연결해 주는 접속사**를 '등위접속사'라고 부릅니다. 등위접속사는 동사와 동사, 형용사와 형용사, 절과 절, 구와 구, 이렇게 같은 형태의 것들을 연결합니다. 문장과 문장을 연결할 때는 등위접속사 앞에 콤마(,)를 넣어 줍니다.

for	왜냐하면	나는 집에 있었다, 너무 추웠기 때문이다. I stayed home, for it was so cold.
and	그리고	그녀는 예쁘고 착하다. She is pretty and kind.
nor	~도 아닌	난 배고프지도 피곤하지도 않다. I'm neither hungry nor tired.
but	그러나	나는 음악을 좋아하지만 그는 좋아하지 않는다. I like music, but he doesn't.

or	또는/아니면	아들이야 아니면 딸이야? **Is it a boy or a girl?**
yet	그렇지만	이 집은 오래됐지만 매우 깨끗하다. **This house is old, yet it's very clean.**
so	그래서	날씨가 더워서 나는 문을 열었다. **It was hot, so I opened the door.**

등위접속사의 위치

등위접속사는 두 문장 혹은 두 개의 단위를 연결해 주는 접속사이기 때문에 문장 앞에 단독으로 쓰지 않습니다.

- But, it was perfect. **(X)**
- It was cheap, **but** it was perfect. **(O)**

자주 쓰는 등위접속사

주로 가장 많이 사용하는 등위접속사는 and, but, so입니다.

- 나는 사과와 바나나를 좋아한다.   I like apples **and** bananas.
- 그는 노래하기와 춤추기를 좋아한다.   He likes to sing **and** dance.
- 우리는 회사에 가서 회의를 할 것이다.   We will go to work **and** have a meeting.

- 그건 간단하지만 쉽진 않다.   It is simple **but** not easy.
- 이건 어렵지만 난 할 거야.   This is hard, **but** I'll do it.

- 그는 아파서 병원에 갔다.   He was sick **so** went to a doctor.
- 그녀는 예뻐서 나는 그녀를 좋아한다.   She is pretty, **so** I like her.

No. 90 **while이 무슨 뜻이죠?**

★★★☆☆

종속접속사

while은 어떤 일이 일어나는 시간에 대해 알려주는 '종속접속사'입니다. 비슷한 개념으로 when이 있는데, when은 '~할 때', while은 '~하는 동안에'라는 의미입니다. (*여기서의 when은 '언제'라는 의문사가 아니라는 것에 주의하세요.)

종속접속사 when

when은 '~할 때'라는 의미로, 비교적 짧은 순간이나 특정한 시점을 나타냅니다.

- 네가 그 말을 할 때, 좋은 생각이 떠올랐어.   When you said that, I came up with an idea.
- 내가 어릴 때 미국으로 이사 왔다.   When I was young, I moved to the U.S.
- 집에 도착했을 때, 엄마가 그걸 말해 줬어.   When I got home, my mom told me that.

종속접속사 while

반면 while은 '~하는 동안에'라는 의미로, 다른 사건과 동시에 일어나는 개념이 있어 진행형과 함께 쓰는 경우가 많습니다. '~하는 중에 …했다'라는 의미입니다.

- 내가 숙제를 하는 동안 그들은 게임을 하고 있었다.   While I was doing my homework, they were playing games.
- 그는 샤워하면서 노래를 부른다.   He sings a song while he is taking a shower.
- 난 영화를 보면서 팝콘을 먹어.   I have popcorn while (I am) watching movies.

마지막 예문처럼 주절의 주어와 동일한 '주어+be동사'는 생략이 가능합니다.

No. 91 because, since, as는 모두 '~때문에'라는 뜻이 있다는데요, 각각 언제 쓰나요?

종속접속사

★★★☆☆

'이유'의 종속접속사

세 단어 모두 '~때문에'라는 뜻을 가지고 있는데, because는 이유에 초점이 있고, as와 since는 결과에 조금 더 초점이 있습니다.

because

차가 막혀서 늦었어.
I was late because I was stuck in traffic.

이 문장은 늦은 이유에 대해서 설명을 하는 것으로, **이유가 중요하므로** because를 쓰는 것이 적절합니다.

as/since

늦을 거라서 택시를 타기로 결정했어.
As it was going to be late, I decided to take a taxi.

그의 지역에 있었기 때문에 그를 만나고 싶었다.
Since I was in his area, I wanted to meet him.

첫 번째 문장은 늦은 것보다 택시를 타기로 결정한 것에 더 초점이 있습니다. 두 번째 문장은 그의 지역에 있던 것보다 그를 만나고 싶어진 결과에 초점이 있습니다. 그래서 as와 since 를 썼습니다.

No. **92** **종속접속사**라는 게 뭔가요?

★★★★☆

'**종속접속사**'는 두 개의 문장이 동등한 것이 아니라 하나의 문장이 다른 문장의 근거가 되거나, 조건이 되는 등의 종속되는 개념일 때 쓰이는 접속사입니다.

앞서 배운 while, when, because, as, since 모두 종속접속사에 해당합니다. 그 외에 대표적인 종속접속사는 다음과 같은 것들이 있습니다.

- 가기 전에 나에게 말해 줘.   Tell me **before** you go.
- 우린 그가 시작하기 전에 도착해야 해.   We have to arrive **before** he starts.

- 네가 그걸 끝낼 때까지 기다릴게.   I'll wait **until** you finish it.
- 비가 그칠 때까지 집에 머물러.   Stay home **until** the rain stops.

- 네가 좋다면 나는 괜찮아.   I'm fine **if** you like.
- 네가 원하면 내가 점심 사 줄게.   **If** you want, I'll buy you lunch.

No. 93 that이 접속사도 되나요?

★★★★★

네, 맞습니다. that은 관계대명사로 쓰였을 때는 형용사의 역할을 한다고 했습니다. 그런데 that이 이끄는 문장이 명사의 역할을 할 때는 '명사절 접속사'라고 부릅니다. 명사절 접속사는 that뿐 아니라 what도 대표적입니다.

명사절 접속사 that과 what

명사 역할을 한다는 것은 주어, 목적어, 보어 자리에 올 수 있다는 의미입니다. that과 what의 차이가 있다면 that 뒤에는 완전한 문장이 오고 what 뒤에는 명사가 하나 빠진 불완전한 문장이 온다는 것입니다.

- 나는 그가 책임감이 있다고 확신해.

  I'm sure that he is responsible.
  완전한 문장

- 너에게 필요한 건 사랑이야.

  What you need is love.
  목적어가 없는 불완전한 문장

- 내가 너를 사랑한다는 것은 진실이야.   That I love you is true.
- 나는 네가 아름답다고 생각해.   I think that you are beautiful.
- 난 네가 원하는 것을 알아.   I know what you want.
- 뭐가 문제인지 모르겠어.   I don't know what the problem is.

No. 94

if는 '~이라면'이라는 의미라고 했는데, I don't know if he will come. 뜻은 왜 '그가 올지 모르겠다.'라고 하나요?

명사절 접속사

★★★☆☆

if: ~인지 아닌지

if는 '~이라면'이라는 의미도 있지만, '~인지 아닌지'라는 의미도 가지고 있습니다. 그래서 위 문장의 의미는 '그가 올지 안 올지 모르겠어.'라는 뜻이 됩니다.

if/whether

그런데 '~인지 아닌지' 의미의 if절은 문장 안에서 목적어 자리에만 올 수 있습니다. 주어나 보어에는 위치할 수 없죠. 그러므로 주어 자리에 오는 if절은 '~이라면' 의미로 생각하면 됩니다.

주어, 보어, 목적어 위치에 자유롭게 쓰고 싶을 때는 같은 의미의 접속사 whether을 대체해서 씁니다. 두 접속사의 의미는 동일하지만 각각 이끄는 명사절이 올 수 있는 위치가 다릅니다.

- **if절:** 목적어 자리
- **whether절:** 주어, 보어, 목적어 자리

위치에 따른 접속사 사용

주어 자리	그가 미국인인지 아닌지 확실하지 않다. If he is an American is not certain. (X) Whether he is an American is not certain. (O)
보어 자리	내 질문은 네가 우릴 도와줄 수 있는지 여부이다. My question is if you will help us. (X) My question is whether you will help us. (O)

목적어 자리	그가 우리 집에 올지 궁금하다. I wonder if he will come to my house. (O) I wonder whether he will come to my house. (O)

전치사의 목적어일 때

또한 if절이 동사의 목적어로는 쓰일 수 있지만 전치사의 목적어로는 쓰일 수 없습니다. 전치사의 목적어에는 whether만 가능합니다.

전치사의 목적어	네가 그걸 좋아하느냐 아니냐에 달렸다. It depends on if you like it or not. (X) It depends on whether you like it or not. (O)

PART 13

비교급과
최상급

[비교급]

No.95   '뚱뚱한'은 fat인데 '더 뚱뚱한'은 어떻게 표현하나요?

No.96   beautiful, difficult처럼 긴 단어일 때도 -er을 붙이면
되나요?

No.97   '많은'은 many이고, '더 많은'은 manier 인가요? 한 번
도 못 본 것 같아요.

No.98   비교급을 강조할 땐 어떻게 하나요?

[최상급]

No.99   '가장'이나 '최고'라는 말을 할 때는 뭘 쓰나요?

No.100   '가장 좋은'은 goodest이 아니고 왜 best인가요?

No. 95

**'뚱뚱한'은 fat인데
'더 뚱뚱한'은 어떻게 표현하나요?**

비교급

★★★★☆

형용사와 부사는 '비교급'이 있습니다. '더 ~한', '더 ~하게'라는 의미를 나타냅니다.

짧은 단어 비교급

1, 2음절의 짧은 단어는 비교급일 때 형용사 뒤에 -er을 붙입니다. -er을 붙이는 규칙은
과거형을 만들 때와 같습니다.

원급		비교급	
뚱뚱한	fat	더 뚱뚱한	fatter
날씬한	slim	더 날씬한	slimmer
짧은	short	더 짧은	shorter
밝은	bright	더 밝은	brighter
어려운/힘든	hard	더 어려운/더 힘든	harder
예쁜	pretty	더 예쁜	prettier
행복한	happy	더 행복한	happier
좋은	nice	더 좋은	nicer
현명한	wise	더 현명한	wiser

than+비교대상

비교급과 함께 비교하는 대상을 명시할 때는 'than+비교대상'을 비교급 뒤에 붙입니다.
'~보다 더 …한'이라는 의미입니다.

- 아빠는 엄마보다 더 뚱뚱하다.　　Dad is **fatter than** mom.
- 네 머리는 내 머리보다 더 길다.　　Your hair is **longer than** mine.
- 이 재킷이 저것보다 더 짧아.　　This jacket is **shorter than** that one.
- 그녀는 나보다 더 행복해.　　She's **happier than** me/I am.

두 번째 예문에서 your hair은 yours에 해당하는 소유대명사의 의미이므로 than 뒤에 소유대명사인 mine(나의 것)이 왔습니다.

마지막 예문의 전체 문장은 She's happier than I am happy.인데 부자연스러워서 거의 쓰지 않습니다. 맨 마지막의 happy는 동일하므로 생략해서 쓰거나 일상적인 대화에서는 간단하게 목적격 me만 쓰기도 합니다.

No. 96
beautiful, difficult처럼 긴 단어일 때도 -er을 붙이면 되나요?

★★★★☆

긴 단어 비교급

beautiful, honest, expensive, awful처럼 3음절 이상의 형용사나 부사의 비교급에는 -er 대신 단어 앞에 more을 붙여 줍니다.

마찬가지로 비교하는 대상을 명시할 때는 'than+비교대상'을 비교급 뒤에 붙입니다.

원급		비교급	
정직한	honest	더 정직한	more honest
비싼	expensive	더 비싼	more expensive
어려운	difficult	더 어려운	more difficult
편안한	comfortable	더 편안한	more comfortable

- 그가 너보다 더 정직해.   He is **more honest** than you.
- 이 가방은 저것보다 더 비싸다.   This bag is **more expensive** than that one.
- 이번이 전보다 더 어렵다.   This time is **more difficult** than before.
- 이 침대가 네 것보다 더 편안하다.   This bed is **more comfortable** than yours.

'많은'은 many이고, '더 많은'은 manier
인가요? 한 번도 못 본 것 같아요.

비교급

★★★☆☆

비교급 불규칙 변화형

모든 규칙에는 예외가 있듯이 비교급 규칙에도 예외가 있습니다. 자주 쓰이는 비교급 불규칙 변화형에 대해서 알아보겠습니다. 이 표현들은 외워 두세요.

원급		비교급	
좋은	good	더 좋은	better
잘	well	더 잘	
나쁜	bad	더 나쁜	worse
아픈	ill	더 아픈	
(시/공간상) 먼	far	(시/공간상) 더 먼	farther
(추상적) 먼		(추상적) 더 먼	further
(시간상) 늦은	late	(시간상) 더 늦은	later
(순서상) 늦은		(순서상) 더 늦은	latter
적은	little	더 적은	less
많은	much/many	더 많은	more

- 나중에 만나요.
- 나는 더 많은 설탕을 원해.
- 이 안건은 추가적인 조사가 필요하다.
- 더 나쁠 수는 없었어. (최악이었어.)

See you **later**.
I want **more** sugar.
This issue needs **further** study.
It couldn't be **worse**.

No. 98 비교급을 **강조**할 땐 어떻게 하나요?

★★★☆☆

비교급 강조

비교급을 더욱 강조하는 부사가 있습니다. 이 부사들은 '훨씬'으로 해석하면 됩니다.

비교급 강조 표현(훨씬)	much, far, still, even, a lot

강조 부사는 비교급 형용사의 앞에 써 줍니다.

- 나는 그의 영어가 너보다
  훨씬 낫다고 생각해.
- 이 로프는 저것보다 훨씬 길다.

- 이 의자가 훨씬 더 편안하다.
- 내 케이크는 네 것보다 훨씬 작다.

I think his English is **much better** than yours.

This rope is **much longer** than that one.

This chair is **still more comfortable**.

My cake is **even smaller** than yours.

'가장'이나 '최고'라는 말을 할 때는 뭘 쓰나요?

★★★★☆

최상급

앞서 비교급이 있었듯이, 형용사와 부사에는 최상급도 있습니다. '가장 ~한', '가장 ~하게' 라는 의미입니다.

비교급과 마찬가지로 1, 2음절의 짧은 단어는 형용사 뒤에 -est를 붙입니다. -est를 붙이는 규칙은 비교급과 같습니다. 다만 비교급과 달리 최상급은 유일하다는 의미로 앞에 정관사 the를 붙입니다. 최상급 뒤에는 명사를 써 줍니다.

원급		최상급	
뚱뚱한	fat	가장 뚱뚱한	the fattest
날씬한	slim	가장 날씬한	the slimmest
짧은	short	가장 짧은	the shortest
밝은	bright	가장 밝은	the brightest
어려운/힘든	hard	가장 어려운/가장 힘든	the hardest
예쁜	pretty	가장 예쁜	the prettiest
행복한	happy	가장 행복한	the happiest
좋은	nice	가장 좋은	the nicest
현명한	wise	가장 현명한	the wisest

최상급의 뒤에는 명사를 생략하거나, '이 세상에서', '이 도시에서' 등의 범위를 나타내는
표현이 함께 오는 경우가 많습니다. '~에서 가장 …하다'는 의미가 됩니다.

- 그는 반에서 가장 뚱뚱해(뚱뚱한 남자야). He is **the fattest** (man) in the class.
- 그녀는 세상에서 가장 예뻐(예쁜 여자야). She is **the prettiest** (woman) in the
  world.
- 이 건물이 이 도시에서 가장 높은 건물이야. This building is **the tallest** in this city.
- 너는 내 친구들 중에 가장 재밌어. You are **the funniest** among my
  friends.

긴 단어 최상급

beautiful, honest, expensive, awful처럼 3음절 이상의 형용사나 부사의 최상급에는
-est를 붙이지 않고, 앞에 the most를 붙여 줍니다.

- 우리 선생님이 학교에서 가장 아름다운
  선생님이야.

  My teacher is **the most beautiful**
  teacher in my school.

- 그 배우가 세상에서 가장 멋진 남자야.

  The actor is **the most handsome** guy
  in the world.

- 이 영화는 내가 지금껏 본 영화 중에
  가장 재미있다.

  This movie is **the most interesting**
  one that I've ever seen.

No. 100 '가장 좋은'은 goodest이 아니고 왜 best인가요?

★★★☆☆

비교급에서처럼 최상급도 불규칙 변화형이 있습니다. 물론 이때도 the를 꼭 써 줍니다.

원급		최상급	
좋은	good	가장 좋은	the best
잘	well	가장 잘	
나쁜	bad	가장 나쁜	the worst
아픈, 병세가 악화된	ill	가장 아픈	
(시/공간상) 먼	far	(시간상) 가장 먼	the farthest
(추상적) 먼		(순서상) 가장 먼	the furthest
(시간상) 늦은	late	(시간상) 가장 늦은 (=최신의)	the latest
(추상적) 늦은		(순서상) 가장 늦은	the last
적은	little	가장 적은	the least
많은	much/many	가장 많은	the most

- 내가 가진 것 중에 가장 좋은 것을 너에게 주었다.
  I gave you **the best** thing that I had.

- 이건 가장 최신의 소식이에요.
  This is **the latest** news.

- 어떤 게 마지막 수업인가요?
  Which one is **the last** class?

- 너는 내가 만나 본 사람 중 가장 나쁜(최악의) 사람이야.
  You are **the worst** person I've ever met.

BONUS

|

왕초보가
가장 많이 묻는
표현 50

왕초보가 가장 많이 묻는 표현 50

01

Q. "우리는 휴가를 갈 거야."를 We are going to a vacation.과 We are going for a vacation. 중 뭘 써야 맞는 거죠?

A. '휴가를 가다', '휴가를 떠나다'라는 의미로는 go on a vacation이라는 숙어를 사용합니다. go on a vacation 자체가 '휴가를 떠나다'라는 덩어리 표현입니다.
go for는 그 뒤에 명사를 써서 '~을 하러 가다'라는 의미로 많이 쓰입니다.
go for a swim 하면 '수영하러 가다', go for a walk 하면 '산책하러 가다'입니다.
vacation과 함께 쓸 때는 go (장소) for a vacation이라고 하여 '휴가로 ~로/에 가다'라는 의미로 씁니다.

02

Q. '퇴근하다'라는 뜻이 get off of work와 get off of the work 중에서 어떤 건지 헷갈려요.

A. '퇴근하다'라는 표현은 get off of the work인데, the를 붙일 수도 있고 생략할 수도 있습니다. 보통 the를 생략하여 get off (of) work로 사용합니다. of도 생략 가능합니다.

EX) What time do you usually get off of work?
보통 몇 시에 퇴근하세요?

03

Q. bought(buy의 과거)가 '샀다'라는 뜻인 건 아는데, got(get의 과거)도 '샀다'의 의미로 쓰이나요? get은 '받다', '잡다', '가져다주다', '주문하다' 이런 의미인 줄 알았는데 '산다'의 의미도 있나요?

A. get의 큰 의미는 '얻다', '얻어내다' 정도로 보시면 됩니다. 그래서 돈을 주고 얻었다, 즉 '샀다'도 가능하고, 선물을 '받았다'도 가능하고, 노력을 해서 '이뤄냈다', '얻어냈다'는 의미도 모두 가능한 동사입니다.

EX) Where did you get that shirt?
그 셔츠 어디서 샀니?

Q. "시원이는 누굴 찾고 있니?"라는 문장이 영문으로는 Who does 시원 look for?라고 되어있는데, '찾는다'라는 단어에 find가 들어가도 맞는 표현인가요?

A. find와 look for 모두 '찾다'라는 뜻이지만 초점이 약간 다릅니다. find는 결과에 초점이 맞춰져 있습니다. 잃어버렸던 것을 찾으면 I found it!(찾았다!)이라고 말합니다.
반면 look for는 결과보다 찾는 행위에 초점이 맞춰져 있습니다. "일자리를 찾고 있는 중이야."라고 말하려면 I'm looking for a job.이라고 말합니다.
질문하신 문장에서는 시원이가 누구를 찾는지 행위에 초점이 있으므로 look for를 쓰는 것이 맞습니다.

05

Q. get off of the bus는 '버스에서 내리다'라고 했는데, get down the bus는 안 되는 건가요? 써도 되는데 get off of the bus를 주로 쓰는 건가요?

A. I'm getting down.은 "난 축 처져."라는 뜻입니다. 의미적으로는 down이 '버스 등에서 내리다'라는 표현에 어울릴 것 같지만, get down은 '감정이 슬퍼지거나 희망을 잃다'라는 뜻입니다. 이렇게 동사, 전치사, 부사의 조합으로 전혀 다른 뜻을 나타내는 동사를 '구동사'라고 합니다.
get off of에서 off of는 박탈과 분리의 느낌입니다. 그래서 '버스에서 내리다'는 get down이 아니라 get off of를 써야 합니다.

06

Q. "저녁 먹고 그녀와 산책할 수 있니?"는 영어로 Can you take a walk with her after dinner?가 정답인데 제가 Can you walk her after dinner?라고 적었어요. 완전히 틀린가요?

A. '산책하다'라는 표현은 take a walk를 사용합니다. 이 표현은 덩어리 표현으로, 그냥 외우는 것이 좋습니다. walk her는 '그녀를 데려다 주다' 또는 '그녀를 산책시켜 주다'라는 의미가 됩니다.
'데려다 주다'라는 의미로 사용할 때는 I walked her to the station.(난 그녀를 역까지 데려다 줬다.)처럼 walk her 뒤에 장소가 꼭 나와야 합니다.
장소가 나오지 않으면 '~를 산책시켜 주다'라는 뜻이 되는데, 이런 말은 주로 애완동물한테 사용하는 말이지, 사람한테는 쓰지 않습니다.

07

Q. '그를 돕는다'라고 할 때 help him out이라고 하는데, 여기서 out은 왜 쓰는 거예요? '그를 돕는다'라고 쓰려면 그냥 help him 아닌가요?

A. help만 써도 되지만, help out은 '특히 곤경에 빠진 상황에서 구해 준다'라는 의미로 쓸 수 있습니다.
　　EX) Can you help me out?
　　　　날 도와줄 수 있겠니?

08

Q. "나는 너와 가까워지고 싶어."라고 할 때 I want to be close from you. / I want to be close with you. 둘 다 맞는 표현인가요? "난 너랑 가까이 살고 싶어." I want to live close to you(close from you). 이것도 맞는 표현인지 궁금합니다.

A. close는 정서적으로나 물리적으로나 '가까운'이라는 뜻입니다. 또한 close는 전치사 from/with보다는 to와 함께 잘 쓰입니다.
따라서 I want to be close to you.(나는 너와 가까워지고 싶어.) / I want to live close to you.(난 너랑 가까이 살고 싶어.)가 맞습니다.

09

Q. "나는 강남역에 가서 2호선을 탄다."는 I go to 강남역 and get on(=get in) 2호선. 이렇게도 쓸 수 있나요? take/get on/get in은 다 '타다'인데 쓰는 용도가 다른가요?

A. 어느 장소에 가기 위해 교통수단을 타고 이동하는 것에 중점을 둘 때는 동사 take를 씁니다. get on/get in은 교통수단에 올라타는 동작을 강조할 때 사용할 수 있습니다. 이 둘은 뒤에 오는 교통수단에 따라 결정됩니다. get on은 탑승 후 서 있을 수 있는 것들(버스, 지하철, 비행기 등)에 쓰고, get in은 탑승 후 서 있을 수 없는 것들(자동차, 택시 등)에 씁니다.

EX) Where can I get on the bus to 신촌? 신촌 가는 버스 어디서 타나요?
　　Get in the car. 차에 타.
　　I'll go to 강남역 and take 2호선. 나는 강남역에 가서 2호선을 탈 거야.

10

Q. take a phone call은 "전화를 걸다"라는 뜻이 맞는 건가요? 다른 강의에서는 get the phone call / pick up the phone call이 "전화 받다"라고 나와서요.

A. take는 '~을 받다'라는 뜻이 됩니다. 그래서 take a phone call 하면 '전화 받다'라는 덩어리 표현이 됩니다.
더불어 get(적극적으로 얻다) / pick up(들어 올리다) a phone call 역시 '전화 받다'라는 덩어리 표현입니다. 반대로 '전화 걸다'는 make a phone call이라고 씁니다.

11

Q. Are you able to come to my house?(너 우리 집에 올 수 있어?)라고 물었을 때 대답이 I am able to come to your house.(난 너희 집에 갈 수 있어.)로 되어 있는데, 대답할 때는 come이 아니라 go가 되어야 맞는 게 아닌가 질문합니다.

A. go와 come은 각각 우리말처럼 '가다'/'오다'로 명확히 뜻이 정해져 있지 않고, 상황에 따라 조금씩 달라집니다.
말하는 사람이나 듣는 사람이 있는 곳으로 이동할 때는 come을, 그 외에 다른 장소로 갈 때는 go를 사용합니다.
I'm coming.(나 가고 있어.)은 듣는 사람이 있는 곳으로 가는 경우에 씁니다. I will go to Busan.(나 부산에 갈 거야.)이라고 하면 말하는 사람과 듣는 사람 둘 다 부산에 없다는 의미입니다.

12

Q. get out을 '나간다'로 배웠습니다 I got out of the class.(수업에서 나갔어.) 여기서 of the가 왜 붙는 건가요? 배운 대로 하면 I got out class.가 되는 것 같은데…

A. class는 셀 수 있는 명사기도 하고 셀 수 없는 명사가 되기도 합니다.
미국 영어에서 특히 '수업'을 말할 때는 셀 수 없는 명사로 취급합니다. 'go to class(수업에 간다)'가 그 예입니다.
질문하신 문장의 경우 '특정 강의실'에서 나간 경우입니다. 그래서 어떤 수업인지 한정을 해야 하고, 그럴 때는 the가 필요합니다. out of라는 전치사 조합 뒤에 장소명사인 the class를 써 주는 것입니다.

179

13

Q. '제시간에 가다'가 to be on time이라고 배웠는데, 같이 공부하는 친구가 '가다'니까 to go on time 아니냐고 해서요. 전 제시간에 그곳에 있어야 하니까 to be on time이 맞는 것 같은데 설명 부탁드려요.

A. 결론부터 얘기하자면 be on time도 되고 go on time도 됩니다. on time 자체가 '제시간에'라는 뜻이므로 앞에 나오는 동사는 상황에 적절하기만 하면 다 쓸 수 있습니다.

EX) I have to be on time. 난 제시간에 있어야 해.
   I have to go on time. 난 제시간에 가야 해.

14

Q. 위치를 강조하고 싶을 땐 right there(바로 거기)처럼 right를 붙인다고 하셨는데, 그럼 오른쪽에 있다는 걸 강조하고 싶을 땐 right right to가 되는 건가요?

A. 이 경우 right은 '단지', '정확하게'라는 강조 역할을 합니다.
다만 "바로 오른쪽이야."를 말할 때 right right to라고 하면 같은 단어가 중복되기 때문에 어색하기도 하고 오히려 틀린 것처럼 보일 수도 있습니다.
그러므로 right 대신 같은 강조 의미인 just right to, exactly right to 등으로 쓰는 것이 자연스럽습니다.

15

Q. "나는 네 말 들었어."는 I heard you.라고 했는데, 직역하면 "나는 너를 들었다." 잖아요. '말'이라는 단어가 들어가지 않아도 되는 건가요?

A. I heard you.를 직역하면 "난 널 들었어."라는 의미입니다.
사람을 들을 수는 없으니 you에는 '너의 이야기'라는 의미가 내포되어 있다고 보면 됩니다. 그래서 실제로 뜻하는 의미는 "네 말을 들었어."라는 말이 됩니다.

16

Q. "우리는 숙제를 했고 시험을 봤어."가 We did homework and took a test. 라고 되어 있는데, 앞에 did가 붙으면 다 현재형으로 되는 거라고 배운 것 같은데, 그러면 뒤는 take a test 아닌지요?

A. 여기서 did는 의문문 또는 부정문을 만들 때 사용하는 did가 아닌 '~했다'라는 일반동사입니다. do homework(숙제를 하다) – did homework(숙제를 했다)이되는 거죠.
질문하신 문장은 We did homework.(우린 숙제를 했다.) And we took a test.(그리고 시험을 봤다.)라는 두 문장을 하나로 합친 거라고 보면 됩니다. 그러므로 took은 그대로 써 주는 것이 맞습니다.

17

Q. She can ride a motorcycle.에서 ride 대신 take를 써도 되나요?

A. 앞서 설명한 것처럼 take는 '교통수단을 타다'라는 뜻인데, 오토바이의 경우는 내가 직접 올라타서 운전하기 때문에 take가 아닌 ride를 쓰는 게 맞습니다.
'자가용을 운전하다'라는 표현 역시 take a car 하지 않고 drive a car라고 하는 이유와 동일합니다.

18

Q. "그는 쇼핑을 갈 수 있을 거야."를 말할 때 He will be able to go shopping. 이라고 하는데, He will be able to go to shop.이나 He will be able to go to shopping.은 안 되나요?

A. go to shop 하면 '가게에 가다'라는 뜻으로, 단순히 가게까지 가는 것에 초점이 있고, go to shopping은 '쇼핑으로 가다'라는 뜻이므로 어색합니다. 결과적으로 go shopping이 가장 적합합니다.
go 다음에는 동명사가 오면서 '~하러 가다'라는 표현이 만들어집니다.
go 뒤에 올 수 있는 표현은 skiing(스키 타러 가다) / shopping(쇼핑하러 가다) / fishing(낚시하러 가다) / dancing(춤추러 가다) / camping(캠핑하러 가다) / swimming(수영하러 가다) / jogging(조깅하러 가다) 등이 있습니다.

19

Q. "나의 생일은 이번 달 초에 있다."가 My birthday is at the beginning of this month.인데, "시험은 9월 말에 있다."는 The exam is at the ending of September.인가요?

A. '~말에'라는 표현은 at the end of라고 쓰고, '~초에'라는 표현은 at the beginning of라고 씁니다. 이는 문법적인 규칙보다는 덩어리 표현으로 기억하는 것이 좋습니다.

> 내 생일은 이번 달 초에 있어. → My birthday is at the beginning of this month.
> 그 시험은 9월 말에 있어." → The exam is at the end of Semptember.

20

Q. "그 회사에서의 첫날은 어땠니?" 할 때 How was your first day of the company?에서 your을 빼면 말이 안 되나요?

A. your이 아닌 the를 사용해서 How was the first day of the company? 해도 무방합니다.
다만 대부분의 대화에서는 '너의' 하루가 어땠냐는 의미에서 your을 넣어 표현합니다. 대신 아무것도 쓰지 않으면 틀린 문장이니 your나 the 중 하나를 꼭 쓰시기 바랍니다.

21

Q. '다이어트 하다'가 be on a diet와 go on a diet 두 가지로 쓰이는 거 맞나요?

A. 둘 다 '다이어트를 하다' 맞습니다. 뜻의 미묘한 차이가 있는데, be on a diet는 '다이어트 하는 중이다'라는 뜻이고, go on a diet는 '다이어트를 시작하다'라는 뜻입니다. 말하는 의도에 맞게 사용하면 됩니다.
참고로 '살을 빼다'라는 표현은 lose weight이고, '살이 찌다'는 gain weight이니 함께 알아 두세요.

22

Q. There are few thousands of people waiting for help in Africa.(아프리카에는 도움을 기다리는 몇 천의 사람들이 있다.)에서 few는 '거의 없는'이라는 부정적인 의미가 아닌가요?

A. few는 셀 수 있는 명사 앞에 붙어 '(거의 없는) 몇몇의 ~'를 나타냅니다.
few books → (별로 안 되는) 몇몇 책들
few thousands of people → (별로 안 되는) 수천 명의 사람들
few가 부정의 의미라고 해서 부정문에만 쓸 수 있는 것이 아니라, '적음'을 강조하게 됩니다.
반면 a few는 셀 수 있는 명사 앞에 붙어 '몇몇의 ~'를 나타냅니다.
a few books → 몇몇 책들
a few thousands of people → 몇 천의 사람들

23

Q. if you get angry at them(그들에게 화 낸다면)에서 at 대신에 to them으로 써도 되는 건가요? at은 무슨 역할인가요?

A. '~에게 화를 내다'라는 표현으로는 get angry at ~을 씁니다. to가 '~에게'라는 의미에 모두 적용되는 것은 아닙니다. 함께 쓰이는 동사나 형용사에 따라 for도 될 수 있으며, at도 될 수 있습니다.
어떤 형용사와 전치사가 함께 쓰이느냐는 덩어리 표현으로 외워야 합니다. angry 는 at을 함께 씁니다. 그래서 이 경우 get angry at이라고 쓰며, get angry to는 틀린 표현입니다.

24

Q. "그들은 어떻게 발표를 준비했대?"라고 할 때 How did they prepare for the presentation?이라고 나와있는데 How did they prepare the presetation?으로 for을 빼고 쓰면 안 되나요?

A. prepare와 prepare for는 뜻이 비슷하지만 같지는 않습니다.
prepare는 '(단순히) 준비하다'라는 뜻이고 prepare for는 '대비하다'라는 뜻입니다. 질문하신 문장의 경우 발표를 '대비하는' 것에 가까우므로 for을 함께 써 줍니다. prepare for는 '시험을 대비하다', '유사시를 대비하다' 등에 씁니다.

25

Q. When did I say that to you?(내가 그거 언제 얘기했어?) / When did I tell you that?(내가 그거 언제 얘기했어?)에서 첫 번째 문장은 왜 that이 먼저 나오고 두 번째 문장은 you that 순서로 나오나요? 반대로 When did I say you that? / When did I tell that to you?로 쓰면 안 되나요?

A. '말하다'를 뜻하는 say와 tell은 동사 뒤의 구조가 다릅니다.
say 뒤에는 무엇을 말하는지 그 내용이 오는 반면, tell은 누구에게 말하는지를 먼저 밝혀 주는 동사입니다.
정확히는 'say+무엇을+to 누구에게' / 'tell+누구에게+무엇을'의 구조가 되는 것이죠. 바꿔서 쓰는 경우는 없으니 주의하시기 바랍니다.

26

Q. "폴이 당신을 보면 화가 날 거예요."는 Paul will get angry when he sees you.라고 했는데 저는 Paul will get angry to see you.라고 썼습니다. 이렇게 해도 같은 뜻으로 해석할 수 있을까요?

A. "폴이 당신을 보면 화가 날 거예요."는 '당신을 보면=당신을 봤을 때'를 나타내기 위해 when he sees you 또는 if he sees you를 사용합니다.
get은 점점 화가 나는 과정을 나타내는 동사이기 때문에 뒤에 to부정사를 쓰지 않습니다.
to부정사를 쓰고 싶으면 be angry를 써서 Paul will be angry to see you.(폴이 당신을 보면 화를 낼 거예요.)로 영작 가능합니다.

27

Q. get dressed는 '옷을 입다'라는 뜻으로 들었습니다. get dress 해도 될 것 같은데 왜 ed가 붙었나요?

A. get dressed라는 표현 자체는 덩어리 표현으로 '옷 입다' 라는 의미를 가집니다. 추가적으로 get dressed와 wear 둘 다 '옷을 입다'라는 뜻입니다. wear은 '옷을 입은 상태'를 나타내고, get dressed는 '옷을 입는 동작'을 나타냅니다.

EX) She wore a black dress. 그녀는 검은색 드레스를 입었다. (입은 상태)
　　She got dressed for dinner. 그녀는 저녁을 위해 옷을 입었다. (입는 동작)

28

Q. '일어나다'라는 뜻인 get up과 wake up은 둘 다 아무 데나 써도 상관 없죠?

A. wake up은 '의식이 깨어나는 것'이고(잠자다가 정신이 들 때), get up은 '몸이 일어나는 행동'을 취할 때(몸을 일으켜 일어날 때) 사용합니다.
그러므로 보통의 대화에서는 wake up과 get up을 둘 다 써도 되지만 문맥상 구분이 필요한 경우에는 주의하여 사용해야 합니다.

29

Q. "그는 그가 원하는 거 무엇이든 해도 돼요."라는 문장 He can do whatever he wants.에서 whatever가 뭔지 궁금합니다.

A. whatever는 '~인 것은 무엇이든지'라는 의미를 가지고 있으며, whatever 자체적으로 주어나 목적어 역할을 할 수 있습니다.
whatever 뒤에 있는 he wants의 목적어가 whatever입니다.
He can do(그는 해도 돼요) whatever he wants(그가 원하는 것은 무엇이든)라고 나누어 해석할 수 있습니다.

30

Q. "그녀는 지금쯤 학교에 가고 있을지도 몰라요."는 She might be going to school by now.라고 되어 있는데 right now라고 하면 안되나요?

A. by now는 덩어리 표현으로 '지금쯤'이라는 뜻을 가지고 있습니다. right now은 '지금 당장'이라는 뜻이기 때문에 둘을 바꿔 쓸 수는 없습니다.

　EX) Do it right now. 그거 지금 당장 해.
　　 She's usually in bed by now. 그녀는 보통 지금쯤 자고 있어.

31

Q. They got hurt while exercising.(그들은 운동하는 중에 다쳤어요.)에서 while은 '~하는 중에'가 되나요? 전치사일 때와 접속사일 때 구분법은 뭔가요?

A. while(~하는 중에)은 접속사고, 뒤에 항상 주어와 동사가 쓰여야 합니다.
원래 문장은 They got hurt while they were exercising.인데, they were는 문맥상 유추할 수 있기 때문에 생략 가능합니다. 여기서 exercising은 현재분사입니다.
만약 exercising을 동명사로 쓰면 while 대신 '~하는 중에', '~동안'이라는 의미의 전치사 during을 씁니다. 전치사는 뒤에 명사만 씁니다.

32

Q. "넌 그녀한테 사과해야 해." 할 때 You should apologize her.이라고 하면 안 되나요? 정답이 You should apologize to her.이라고 되어 있는데, for her는 안 되나요?

A. apologize는 뒤에 오는 '전치사+명사'의 세트가 항상 정해져 있습니다.
'to+대상' 또는 'for+사과의 이유'가 와야 합니다.
"나는 그녀한테 내 실수에 대해 사과할 것이다."라고 할 때는 I will apologize to her for my mistake.가 되는 것이죠.
그러므로 for her는 불가능합니다.

189

33

Q. Tell me the truth.(내게 진실을 말해 줘.)에서 목적어를 Tell me the true.로 는 쓸 수 없나요? 만약 true가 올 수 없다면 그 이유는 뭔가요?

A. tell 뒤에는 '누구에게+무엇을'이 차례대로 나와야 합니다.
여기서 '누구에게'는 me이고, '무엇을'은 '진실'이라는 명사인 the truth입니다.
the는 명사 앞에 쓰이는 관사이고, truth가 진정한 목적어입니다. true는 '사실인'
이라는 의미의 형용사입니다. 명사가 들어가야 하는 자리에 형용사가 들어갈 수
없기 때문에 the true는 불가능합니다.

34

Q. Today's movie was really funny.(오늘의 영화는 정말 재밌었어.)에서
funny 자리에 fun이 오면 안 되나요?

A. fun과 funny는 모두 '재미있는'이라는 뜻인데, fun은 주로 '즐거운'이라는 의미이
고, funny는 '웃긴', '우스꽝스러운'이라는 의미가 더 큽니다.
그래서 fun은 상황이나 분위기를, funny는 사람이나 영화 등을 묘사할 때 많이 사
용합니다. '어제 파티 어땠어?'라고 질문을 받으면 It was fun.(재밌었어.)이라고 답
할 수 있고, '걔 어때?'라고 질문 받으면, He is funny.(걔는 웃겨.)라고 대답할 수
있습니다.

35

Q. "이따가 얘기하자."라는 표현이 Talk to you later.라고 했는데요. talk 대신 say도 올 수 있나요?

A. talk과 say 모두 우리말로는 '말하다'라는 뜻이지만, 영어적으로는 뉘앙스가 다릅니다.
say는 '말하는 내용'에 더 초점을 두고 있습니다. 자신의 말이나 다른 사람이 말한 '내용'을 전달하는 것입니다.
반면 '~와 이야기를 나누다'라고 '대화하는 것'에 초점을 둘 때는 talk을 사용합니다. 그러므로 질문하신 문장처럼 "이따가 얘기하자(대화하자)."라고 할 때는 talk을 사용하여 Talk to you later. 하는 것이 맞습니다.

36

Q. "제인은 내일 쉴 건가요?"를 Is Jane taking a rest tomorrow? 해도 되나요? take a rest는 휴식하는 걸로 알고 있었는데, '휴가를 내다'도 take a rest로 표현하나요?

A. taking a rest는 '휴식하다', '휴가를 내다' 모두 가능합니다.
추가로 '휴가를 내다', '하루 쉬다'라는 다른 표현은 take a day off / have a day off가 있습니다.
그래서 Is Jane taking a day off tomorrow? / Is Jane having a day off tomorrow? 또는 줄여서 Is Jane off tomorrow?라고 표현 가능합니다.

37

Q. Where is this festival taking place?(이 페스티벌이 어디에서 열리나요?)에서 festival 말고 party도 take place라는 표현을 쓰나요?

A. 가능합니다. take place는 '개최되다', '일어나다', '열리다'를 뜻합니다.
Where is the party taking place?(파티가 어디에서 열리나요?)는 올바른 문장이며, party, festival 외에 다른 단어도 활용할 수 있습니다.

EX) Where is her wedding taking place?
　　그녀의 결혼식이 어디에서 열리나요?
　　Where is the exhibition taking place? 전시회가 어디에서 열리나요?

38

Q. "그녀는 이 학교에서 일하나요?" 할 때 Does she work for this school?인데 at this school로 해도 무방한가요?

A. 네, 가능합니다. work for와 work at은 비슷하게 쓸 수 있는데, 면밀히 따지면 work for ~는 '(누구의) 밑에서 일한다'라는 의미고, work at ~은 '(어디)에서 일한다'라는 의미입니다. 필요에 따라 구분해서 쓸 수 있도록 하세요.

39

Q. turn left랑 turn to the left랑 완전히 같은 뜻인가요?

A. turn left와 turn to the left은 둘 다 공통적으로 '왼쪽으로 돌다'라는 의미인데, turn left는 직설적으로 "왼쪽으로 꺾으세요.", "좌회전하세요."의 느낌이라면 turn to the left는 "왼편으로 도세요.", "좌측으로 도세요."의 뉘앙스라고 보면 됩니다.
전자의 경우는 운전 시 혹은 도보 시 목적지 방향을 알려줄 경우에 많이 사용되고, 후자는 몸체를 왼편으로 돌리라는 의미가 크므로 운동이나 군대에서 명령하는 경우에 많이 사용됩니다.

40

Q. go to bed와 sleep의 차이를 알고 싶습니다. '잠이 들다'라는 말도 sleep이라고 쓰나요?

A. "그녀는 자고 싶어 해."라고 할 때 '잠자리에 들려고 하다'라는 의미라면 go to bed를 쓰는 것이 맞지만, 단순히 '잠을 자려고 한다'라는 의미라면 sleep을 쓰는 것이 맞습니다. 반면 '잠들다', '곯아떨어지다'라는 표현은 fall asleep을 쓰는 것이 더 정확합니다.

EX) She wants to go to bed. 그녀는 잠자리에 들고 싶어 해.
　　She wants to sleep. 그녀는 자고 싶어 해.

41

Q. 시간을 나타내는 단위와 함께 쓸 때 over는 '~동안에'라는 뜻인가요?

A. over라는 전치사는 많은 뜻을 가지고 있지만 over 뒤에 기간을 나타내는 명사가 올 경우 '~동안', '~에 걸쳐'라는 의미입니다. over 뒤에 시간이나 시각이 나오면 '~이 넘는', '~ 이상의'라는 뜻입니다.
그래서 over the weekend 하면 '주말 동안에'가 되고, over a month 하면 '한 달이 넘게'라는 뜻이 됩니다.

42

Q. end와 finish 두 단어는 어떤 의미 차이가 있나요?

A. end와 finish는 우리말로 둘 다 '끝나다'라는 뜻이지만, 의미상 명확한 차이점이 있습니다. end는 '어떠한 상황이 끝나는 것'을 의미하고, finish는 주어가 직접 '~을 끝마치다', '~을 끝내다'라는 뜻을 가지고 있습니다.
EX) This class ends soon. 이 수업 곧 끝나.
I have to finish my homework. 나 내 숙제 끝내야 해.

43

Q. carry와 hold의 차이점을 모르겠어요.

A. carry와 hold는 모두 '가지고 있다', '들고 있다'를 뜻합니다. 하지만 carry의 경우 움직임이 있고, '가지고 나르다'라는 의미에 가깝습니다. 반면 hold는 '지니고 있는' 것에 더 초점이 있습니다.

EX) I will carry your bag for you.
내가 너를 위해 네 가방 들어 줄게. = 내가 너를 위해 네 가방을 들어서 옮겨 줄게.
Please hold this bag. 이 가방 좀 들고 있어 줘.

44

Q. meet up과 meet의 차이는 무엇인가요?

A. meet은 '만나다'라는 뜻이고, meet up은 '(특히 약속을 정하여) 만나다'라는 뜻입니다. 일상생활에서 meet이나 meet up이나 큰 차이는 없으며, 혼용하여 사용 가능합니다.

45

Q. '여행'이라는 표현을 찾아보니까 journey, trip, tour, travel이 나오던데 서로 뭐가 다른가요?

A. trip은 말그대로 '여행'이라는 의미의 명사로만 쓰이며, 관광이나 어떤 목적을 위한 여행까지 포함합니다. travel은 다른 지역으로의 '이동'이라는 의미에서 파생된 '여행'이라는 뜻으로 쓰입니다. 그래서 '이동하다'라는 동사 뜻도 있습니다. journey는 trip에 비해 다소 기간이 긴 여행, 그래서 '여정'이라는 의미로 많이 쓰입니다. tour는 '여행'이라기보다는 '관광', 또는 '견학'이라는 의미로 구분하는 것이 좋습니다.

46

Q. She is not interested in studying.(그녀는 공부에 관심이 없어.)에 왜 in이 들어가는 건가요? 수동태 전치사는 어떤 것들이 있나요?

A. 수동태에 쓰이는 전치사는 각 표현마다 다릅니다. 이러한 것들은 안타깝지만 숙어로 암기해야 합니다. be interested in(~에 관심이 있다) / be pleased with (~에 기뻐하다) / be filled with(~로 채워지다) / be surprised at(~에 놀라다) / be composed of(~로 구성되다)처럼 각 표현에 정해진 전치사가 있습니다. 많은 수동태 예문을 접하면서 익혀보세요.

47

Q. Don't mind.와 Never mind.가 "신경 쓰지 마.", "별일 아니야."로 같은 뜻인 가요?

A. Don't mind.와 Never mind.는 지금과 같이 명령문으로 쓸 때는 의미가 같습니다. 더불어 Don't bother(yourself).도 '신경 쓰지 마.', '별일 아니야.'라는 의미입니다. 그런데 don't mind가 평서문이나 의문문에서 쓰이면 뒤에 -ing가 붙어서 '~하는 것에 개의치 않다', '~하는 것을 꺼리지 않다'라는 표현이 됩니다.

EX) I don't mind him coming to the party.
나는 그가 파티에 오는 거 상관없어.

48

Q. '집중하다'라는 의미를 찾아 봤는데 pay attention과 focus on의 차이를 알려 주세요.

A. pay attention은 '~에 관심을 갖다', '집중하다'라는 뜻입니다. 그리고 focus on 은 '~에 주력하다', '~에 중점을 두다'라는 뜻입니다. 우리말로 둘 다 '집중하다'라 는 의미를 내포하고 있지만 뉘앙스가 조금씩 다르니 필요에 따라 구분해서 사용해야 합니다.

EX) She didn't pay attention to his lecture.
그녀는 그의 강의에 집중하지 않았다.
My idea is focused on solving this problem.
내 아이디어는 그 문제를 해결하는 데 중점을 두고 있다.

49

Q. '준비하다'라는 표현 중에 get ready for와 be ready to, prepare for는 뭐가 다른가요?

A. get ready for과 be ready to는 둘 다 '준비하다'라는 뜻이고, get ready for 뒤에는 명사, be ready to 뒤에는 동사가 옵니다. prepare for는 뒤에 명사가 오며, '준비하다'보다는 '대비하다'라는 의미에 가깝습니다.

EX) Let's get ready for the party. 그 파티 준비하자.
We are ready to have a party. 우리는 파티 할 준비가 되어 있어.
She prepared for the meeting. 그녀는 그 미팅에 대비했다.

50

Q. be ready to, be about to, be able to 이런 to가 들어가는 걸 많이 봤는데 또 어떤 것들이 있나요?

A. to부정사를 취하는 대표적인 숙어 표현들은 다음과 같습니다. be ready to(~할 준비가 되다) / be about to(막 ~하려고 하다) / be willing to(기꺼이 ~하다) / be able to(~할 수 있다) 이런 표현들은 자주 쓰이지만 규칙이 있다기보다는 암기를 해야 합니다.

EX) I'm ready to leave. 난 떠날 준비가 되었어.
She's about to arrive. 그녀가 막 도착하려 한다.
They are willing to donate money. 그들은 기꺼이 돈을 기부한다.